WENHUA
XIANXIANG DE
JIANRONG QINGGAN

高有鹏◎著

文化现象的兼容情感

人民出版社

策划编辑:吴炤东
责任编辑:吴炤东　王晓梵
封面设计:肖　辉

图书在版编目(CIP)数据

文化现象的兼容情感/高有鹏著.
-北京:人民出版社,2007.12
ISBN 978-7-01-006670-7

Ⅰ.文…　Ⅱ.高…　Ⅲ.区域经济-经济发展-研究-中国
Ⅳ.F127

中国版本图书馆 CIP 数据核字(2007)第 179655 号

文化现象的兼容情感
WENHUA XIANXIANG DE JIANRONG QINGGAN

高有鹏　著

人民出版社　出版发行
(100706　北京朝阳门内大街 166 号)

北京瑞古冠中印刷厂印刷　新华书店经销

2007 年 12 月第 1 版　2007 年 12 月北京第 1 次印刷
开本:880 毫米×1230 毫米 1/32　印张:7.75
字数:180 千字　印数:0,001-6,000 册

ISBN 978-7-01-006670-7　定价:19.80 元

邮购地址 100706　北京朝阳门内大街 166 号
人民东方图书销售中心　电话 (010)65250042　65289539

序

张 广 智

保卫春节，保卫民族传统，这是一个响亮的字眼。由此我们想起当年“保卫黄河，保卫全中国”震天的歌声；这是又一代人对国家、民族和社会的责任感和使命感的体现。

保卫，就是因为有了危机。危机何在？这是高有鹏《保卫春节宣言》中所提出的一个重要问题。危机是在当今世界随着全球化、信息化、城镇化的迅速加剧，我们的文化传统正在面临挑战，洋节的单军进入让新的一代更多了一些盲目的接受，而他们对自己的民族传统却很少知道。

传统就那么重要吗？

一家媒体在网上公布《保卫春节宣言》后引起了强烈反响，赞同者有之，质疑者也有之，掀起了一场多层次的有关“春节与民族文化”的大讨论。中央电视台《百家讲坛》将镜头对准了高有鹏教授，在其春节特别节目《过年》中播讲“春节”。这场争论也引起了国际关注，《宣言》公布后不久，法国国际广播电台通过越洋电话对他进行了专访，访谈内容向全球100多个国家和地区广播，题目是“春节：中国对于世界的意义”。

在春节来临的前夕，在数千万人通过各种方式赶回家过年的热闹场景中提出“保卫春节”的话题，是不是有点危言耸听？高有鹏说：年是我们民族对丰收的纪念，是我们民族情感和生活的特殊标志。春节作为希望的象征，是整顿一年情绪，向美好未来重新出发的最佳时机。他说，尽管现在成千上万人忙着赶回家过年，吃顿团圆饺子，但不可否认的是年味越来越淡，年的基本承载符号越来越少，“过节”的传统习俗和礼仪被国人慢慢淡忘或抛弃。近代以来，我们民族的文化心理缺陷越来越重，文化自信心越来越弱，而精英文化主导的社会恰恰缺乏对民间文化足够的尊重，造成了传统文化、民俗文化的日趋边缘化。他在《宣言》中不断提出“年是什么？”“年在哪里？”“我们为什么要过年？”“我们会过年吗？”等问题。他期望城市里大力建设各种形式的民俗社区，恢复民俗传统，使城市人有一种文化的关联与认同感。他还说，“保卫春节”体现的是对传统文化的整体理解，“保卫春节”就是保卫中华民族的传统，就是保卫民族文化的安全。换句话，传统就是我们民族的出发点，就是我们的立场。

我从《保卫春节》中感受到了沉重和焦灼的气息。高有鹏列举“国之大事在祀与戎”和“欲灭其国，先毁其史”这两句话并做了深入论述，从记忆理论上来谈传统对一个民族的重要性。他谈到了国家安全、民族文化安全与传统的重要关系，这是很有意义的。概括讲，就是在交往中我们应该知道，我们是谁？我们从哪里来？我们到哪里去？我们不能失去记忆，更不能失语，在国际交往中不能哑口无言，只听别人说，或仅仅学别人的语调去说。我们要有自己的真正的声音。

这种声音的发出不是危言耸听,更不是哗众取宠,这种声音有着十分深厚的底蕴。这底蕴来自他非同寻常的意志与毅力。天道酬勤,实如此。给我印象最深的是,当别人春风得意,得意忘形之时,高有鹏有将近十年的时间年年生病,有几次甚至面临着生命危险,但他都坚强地挺过来了。我从宪明他们几个那里得到许多高有鹏勤奋刻苦读书的事迹,曾感动,曾震撼,曾激情澎湃。怎么可以想象,他在病床上读完《十三经》,读完《二十二子》,读完《二十四史》;怎么可以想象,穷乡僻壤中,心系世界,除熟练掌握英语,他还自学了日语、俄语、德语、法语、阿拉伯语等等,除了工作,除了读书,他还利用节假日走遍我们的神州大地;怎么可以想象,高有鹏一写就是百万言,从20世纪80年代初发表第一篇民俗学论文开始,迄今他已发表一百多篇论文,出版十余部著作。

这声音是厚积薄发!

这也使我想起《张子语录》中的一段话,即学人的使命,“为天地立心,为生民立命,为往圣继绝学,为万世开太平”。高有鹏就是这样追求的人。我从他的身上,从他的书中,看到了一代学人高大的身影。

一石激起千重浪,《保卫春节宣言》激起全社会,乃至国际范围的文化大讨论。我曾在央视《百家讲坛》看到高有鹏侃侃而谈,又在网络看到不同声音的回响,有人统计说其点击率在20多亿人次;几乎所有的媒体都在讨论这一个话题。新华社电讯中曾引一位加拿大学者的话,说高有鹏领导了一个保卫中国传统节日的文化运动。我看到，在这场大讨论中，有人认真读了他的文章，有人则望文生义，甚至有人特别是个别以所谓学者身份出现的人，无聊地声称什么高有鹏在讨好民众；这简直是胡搅蛮缠，不无别有用心！当然，更多的是争说如何保护，众说纷纭，见仁见智，这毕竟引起了我们全社会对民族文化传统的重视。我们的民族正沸腾着热爱、燃烧着激情，正充满旺盛的生机。

令人欣慰的是，“保卫春节宣言”提出不久，我们的国家非物质文化遗产保护名录公布，其中就有春节。今年年初，新华社一篇电讯称，保卫春节、守护民族传统文化，已经成为社会共识。的确是这样。社会发展进步需要全社会的努力，有责任心、有使命感的学者的呐喊，呼吁，是非常有意义的。这是学术的良心，是学术的品格，是学术的勇气。

现在，高有鹏的这本书就要出版，他嘱我写序。我想，恭敬不如从命，谈了几点感受。我借此向他表示祝贺，表示敬意。又是一年的端午节了，网络等媒体上又掀起了关于“保卫民族传统节日”的讨论。这应该是《保卫春节宣言》的余响。

二〇〇七年端午节于东风渠畔

目　录

1

保卫春节宣言

春节就要来到了。我们延续着我们的祖先秉承几千年的文化精神,以春节为基本计时单位生生息息;面对着全球化信息化日益加剧,民间文化的抢救和保护日益严峻,文化多元构建日益重要的今天,有许多问题令我们尴尬,令我们烦躁不安。许多人感慨:年,也就是春节,越过越没有意思了;太单调乏味。洋节倒更受年轻人的欢迎,诸如圣诞节、情人节等西方人的节日,越来越风行。特别是韩国人成功申报端午祭为他们的文化遗产保护项目,引发我们对许多问题更深入的思索。

我们的春节会丢失吗?

我们会过年吗?

我们到哪里过年?

我们还会磕头、作揖吗?

过年是美好的记忆。记忆是我们的精神遗产。

记忆就是情感上的反复体现,它是民族文化传统延续和发展的重要因素。联合国教科文组织前任总干事马约尔曾经在

《文化遗产与合作》前言中说:保存和传承这些具有历史性见证意义的有形和无形的文化遗产,我们的目的就是唤醒人们的记忆;没有记忆就没有创造。《联合国教科文组织发展纲要》中也说,记忆对每一个民族的创造力都是极其重要的;各民族在他们的遗产中发现了自然和文化,有形和无形的遗产,而这些正是寻找他们自身和灵感的源泉的钥匙。

文化需要记忆,记忆需要一定的空间。这个空间需要人们自身去营造。其中"家"在文化发展中的意义就显得格外重要了。而国家,就是我们大家的"家"。

保卫春节,就是保护国家民族文化安全;保卫春节,具有重要的战略意义。

在全国乃至全球范围争取更多的人保卫春节,将春节申报纳入世界口头和非物质遗产,应该是我们当代人的文化使命!

我们的春节会丢失吗?

农历五月初五是端午节,是我们中国历史甚为悠久的节日。可是,这年头就怪了,它正被全国老百姓认认真真地过着,划龙舟,吃粽子,插艾草,品味黄酒,念诵屈原,却被韩国人拿去申报什么世界遗产。这为什么呀?其实,很正常,深受中国文化的福祉和恩泽,韩国人热爱中国文化。他们从五六十年代就开始进行保护,保存了古老的祭祀仪式。我们同时也看到,马头琴本该成为我们的瑰宝,而那一边也被蒙古人民共和国申报了遗产。当然,这也不必惊慌,蒙古人敬爱成吉思汗,何必要慌张!但是,若我们古老的文化遗产一件件都被人拿走去注册、去申报、去保护时，我们就一点儿也不脸红吗？

春节离我们越来越近了，叹息找不到地方过年的人越来越多了。难道我们真的不怕哪一国把它拿去“申遗、注册”吗？文化对于每一个民族来说都是非常重要的，它成为一个民族宝贵的精神资源和思想资源，甚至成为尊严。中外历史上为了捍卫民族文化，有许多人甚至献出热血和生命。为什么？文化需要发展，需要创新，同样，它也需要继承，需要保护；危急时刻，还需要抢救。今天，我们在全国范围内进行的民间文化遗产抢救和保护工作就是这样一个典型。

历史和现实都反复告诉我们，民间文化遗产抢救和保护非常重要。春节其实也是我们的民族文化遗产；现在，我们应该像当年保卫黄河保卫全中国一样去保卫它，自觉地复兴节日礼仪。面对世界，我们不能掉以轻心。

说不定，还真的有那么一天，谁同我们开一个玩笑，像端午祭一样弄得我们很尴尬。那一天到来时，我们想笑，能笑得出来吗？

其实，说真的，我们每一个人都仔细想一想，我们有地方过年吗？我们会过年吗？

年，它在哪里？

年，它是什么？

应该说，它在亿万人的心坎里。它是什么？对于它的解释太多了。在一定地区，民间百姓以为，民间传说是民间社会各种内容最合理的的阐释依据。有人说年是怪兽，人要驱赶它，形成节日。它最早的起源是什么，我不知道，但我知道它不是什么，而且，有许许多多的人知道我知道的。

年不是快餐。

什么是快餐？快餐是一种不得已的生活方式。人们的生活节奏加快，压力增大，来不及细致品味，只好如此。

与精华相比，快餐的实质是垃圾。这不是我杜撰的。快餐不仅仅有盒饭一种，炸鸡腿炸薯条炸这炸那的不是吗？满桌子大鱼大肉没吃几口就扔掉不也是吗？相比而言，还是人家包拯在戏文里唱得好说得真切：要吃还是家常饭。当然，过年吃的不是家常饭。那么，过年吃的到底是什么呢？我只知道过年要吃年饭，而过年又确确实实不只是吃，吃，吃。吃之所以称做饮食文化，是因为各种各样的饮食文化体现出不同民族不同地区不同时代的信仰、审美、操守和他们对于生活的丰富的情感。那么，在这样一种意义上讲，春节饮食是非常特殊的文化，具有活化石一般的意义。我们民间节日的饮食是历史的传承，是情感的会聚，就不单单是一种身体体能的补充了。

民以食为天。这是古训。食是什么？古人说，食色性也，意思为物质文明和精神文明一样都是人的本源。性到底是什么？这么美好的词被人讲成了色，糟蹋得令人气炸了肺——性是属性，是世界的本性。过年是什么？我只知道它不是抛却这丰富多彩的世界本性！

我们会过年吗？

过年怎么不抛却丰富多彩的世界本性？

确实，过年绝不是仅仅去吃。它是一个民族精神的狂欢。狂欢就是打破生活的既定秩序，各取所需。

在俗语中讲，年来到，闺女要花儿，小小子儿要炮，老头儿要个破毡帽。

闺女为什么要花儿？

我们许多人看过《白毛女》，穷苦人杨白劳和喜儿就一根红头绳展开了话题。杨白劳说，人家的闺女有花戴，爹爹我钱少没有买，割了二尺红头绳，给我的闺女扎起来。喜儿高兴得又蹦又跳。他们父女为什么如此高兴？这一根红头绳又如何牵动他们那么多衷肠？只知道杨白劳应该还黄世仁钱债的人不会懂得！在这之前，我们的祖先极其懂得。如诗句中唱"日出江花红似火，春来江水绿如蓝"，还有"三月三日景色新，长安水边多丽人"。这红头绳和春天的祝福是一样的，来源于古代的祓禊，即祛灾禳福。古人讲究水禊，丽人沐浴，就是桑间濮上，无拘无束地追求爱。这红头绳上连着远古火辣辣的情爱，下连着民间庙会上拴娃娃的祝愿，包括我们今天大红的中国结。和春联一样，和年画一样，是生命的礼花！无论是穷人还是富人，都要过年。在这里，过一个平安年，尽情享受精神的大餐，是天经地义；即使人家欠你的钱，也要避开这个日子，改天来。

小小子儿为何要炮？

王安石在诗中写道：爆竹声中一岁除，春风送暖入屠苏，千门万户曈曈日，总把新桃换旧符。看来，爆竹是一个很响亮的民俗文化符号，很早就被全社会所接受；儿童喜欢动，喜欢爆竹响亮的声响是当然的。

他们未必懂得"爆竹声中一岁除"的丰富含义，但他们却无限向往这特殊的响声。这是什么样的声音？这是新春热烈的宣言，是对天地间所有生命的召唤，是对未来美好愿望尽情的礼赞。为什么孩子们喜欢？他们不懂得这玩意的杀伤力吗？孩子是最直接的民众情感代言人，如人所言，童言无忌。爆竹声声，喧嚣也好，破坏也好，都是为了追求生命的狂欢。礼教的典型数三纲五常，虚伪得很，歹毒得很，轧扁了鲜活的人性，而此刻，不仅仅是孩子们要宣泄！前些日子我接受媒体采访时一再讲，鞭炮不能乱放，又不能不放，要有限度地在节日庆典中有选择地放。如果过年连炮都不放，那能叫过年吗？其实，燃放爆竹和烧纸一样，源于远古的火禊，流传了几千年，其本身就是民众的选择，是生命的选择，是社会的选择。当然，爆竹生产商有责任将这声音和火花制造得更美，攻克了安全关，鞭炮产业应该有更大的发展。况且，爆竹也是后来的产物，开始是竹子在火中燃烧发出响声；后来人们有了纸，裹上火药，外面包上彩色的纸，赋予了更多的吉祥的含义。那么，今天，我们的商家为什么不把这一商机把握住呢？全国有那么多人放鞭炮，这是多么大的产业呀！

至于老头儿要破毡帽，在述说两种意思，一是喜欢戴，一是有人买。它表达的同样是要尊重生活选择的道理。老人是历史，是生命的百科全书，理应受社会的尊重。春节敬老，应该尊重老人的审美诉求。

所以，要，就应该给。

过年是美好的记忆

年和春节并不是一开始就连在一起的。年是什么？年即稔，即丰收，庆贺岁时为标志的收获的季节。所以，古人曾经选择麦收之后为年，庆贺新禾、新麦的获得。如今的豫东地区还保存着六月年节的遗俗。春节是纪念新春的节日。新春是生命的歌曲,生命的舞蹈,生命的图画;她崇拜生殖力,崇拜太阳,崇拜水,崇拜运动。新禾和新春都以新而展示出美丽,幸福,快乐,因而它们在后来被连接成一个词。连接的历史进程是漫长的,包含着民族的交融、碰撞和统一,是历史的选择;这本身就表明它作为遗产的意义。

在我的家乡有一种年节菜,叫杂烩,一般有豆腐(象征福分),有青菜(象征财富),有丸子(象征完美)等必有的吉祥物。富裕人家可以掺之山珍海味,一般人家杂之以野菜叶也可,都是取意而已。杂烩,就是融合,对人与人之间相互包容、宽恕的广阔胸怀的意义展示和强化。举家团圆,图的是什么?就是一顿年夜饭吗?就是声声爆竹对心灵的震颤吗?千家万户吃的是文化,是中华民族最为珍贵的情感遗产。因而,全世界华人因为春节将心与心连在一起。红红的蜡烛,喃喃的祈语,庄严的仪式,温暖着每一颗中国心。吃饺子,喝团圆酒,在平时是家常饭,在此时便是数千年古老文化的延续,是对人与人之间相互祝福、相互关爱的文化理念的具体实践。

搬枣山,是我儿时最富有情趣的记忆。传说我们的老家在山西洪洞大槐树下,在明代移民河南。乡亲们有声有色地讲胡大海三洗河南的故事。传说,我们的家乡叫枣林庄,为了纪念这个叫枣林庄的故乡,遗民子孙便蒸制花儿大馍,大的如锅盖,小的如巴掌,用面精心塑了蟠龙、翔凤、小羊、刺猬等动物和各种花卉并装点红枣。蒸制的枣山被郑重地放在正堂,过了春节,或者是正月十五,或者是二月二,才能食用。围绕着枣山,有许多歌谣,有许多传说,有许多习俗。可以讲,一座枣山聚拢着一个家族的历史，是东方文化中有着突出价值的神山、圣山。

斯时也，房前屋后，室内户外，食物都是祭品，什物都是神器，到处都是神灵，都是家族世世代代聚拢来的灵魂。花花绿绿的世界于此时尽情绽放绚丽，并不仅仅是装点人们的视野。我多少次在思索着灵魂崇拜的问题，它绝不仅仅是一个宗教问题或历史问题，也不仅仅是一个文化问题或哲学问题。在科学知识没有解答尽一切问题的实质时，灵魂的意义应该是非常丰富的。春节作为遗产，作为中华民族最伟大的遗产，它因为无限丰富的灵魂崇拜，在很大程度上维系着我们中华民族的文化安全。这些年，洋节太多，它并不仅仅是时尚问题。我读了桑德斯揭露美国情报局向世界各地插手文化发展的著作，多次同人谈到西方节日对东方文化精神体系的颠覆和销蚀。我想说，保卫春节就是保卫民族文化安全。因为记忆就是历史，失却了节日，还会有记忆吗？古人讲，欲灭其国，先毁其史。史就是记忆的重要载体；节日，尤其是春节，我们无论如何也不能丢失掉，不能用洋节淡化之。当年，我们高唱“保卫黄河保卫全中国”，黄河是什么？黄河不仅仅是我们国土的象征，而且是我们文化的象征，精神的象征，代表着我们民族的尊严。由此我们想到司马迁说的“昔三代之居皆在河洛之间”。这里是我们中华民族重要的文化发祥地啊，这里是我们的老家，根之所在。我们知道，台湾有很多人自称河洛郎。这就是最典型的记忆体现。所以，海外华人常讲自己根在河洛，也是同样的意思。我们骂人数典忘祖，是从另外一个方面来维护这一内容。在世界范围内，文化发展是有条件的，不是人们所讲的那么平等，塞伊斯讲的“他者”和东方主义，都是针对西方文化强势而言的。前面我们讲了记忆对于一个民族创造力发展的重要性；确实，没有了记忆，你哪里还知道你自己呢？这就是我们所说的“失语”——不知道自己是谁，那你还知道什么！

我们到哪里过年？

到哪里过年？

人都会说：家。家在哪里？

多少人都有这样的一种情愫，无论在外生活得多么如意或多么不如意，都会深深地记起自己的生长地。所以，俗语说，狗不嫌家贫，儿不嫌母丑。这是我们中华民族的美德。古人讲，天行健，君子以自强不息；地势坤，君子以厚德载物。与之同义，人们讲，富不过三代，穷不过三辈儿。过年，以家庭为基本单位，强调对家的认同，维护的正是这种文化精神。在这一天，人们整合情感，自我砥砺，为了幸福安康，互相祝愿，表达自己美好的愿望。同时，人无论离家多远，都想着家；人都追求着衣锦还乡。这就是就俗。

家是一个人最深刻的记忆符号。过年，回家，就是对自己情感的梳理，是一次郑重的精神洗礼。《常回家看看》那首歌曲为什么流传那么广？回家过年，人们渴望交流，渴望超越自我，以节日为媒介，追求团圆，就是追求幸福。作为特殊节日的春节，世世代代为我们中华民族所接受，它更是对文化认同的实践。

由此我想起每年的春节运输，无论是飞机，还是汽车或火车，各种运输工具都成为春节文化运行的重要符号。在这些符号中，运输管理部门一直做着吃力不讨好的事情，甚至滋养了一个特殊的罪恶阶层“黄牛”,他们倒票,甚至制售假票,公安机关执法能力不断经受考验。问题何在?已经有人叫板运输管理部门,但通常无济于事。他们说的理由很简单,通过提高票价来遏制春运人流;同时,又在增加运输车辆。这种行为若上纲上线讲,是违反国家宪法的。公民的自由权利因此而受到限制,这不是违法吗?固然,保卫春节还没有提到这样的高度,而换句话讲,我们不能在春运期间降低票价,甚至为学生和民工减免票价吗?我想,如果和降低农民负担减免农业税一样,这也是可行的。

回家过年是天经地义的事,更何况过好春节不仅是对民族文化传统的维护,而且是对社会和谐最直接的贡献。这不是法理意义的事情,而是情感的社会选择。那么,维护民俗的合理性,在事实上就是维护和谐。就俗是天性,就是本性;换句话说,离开了家就无法过年。表面上看,世界各国有许多地方对中国的春节给予礼遇,但我们自己做得相当不够。在这里我所说的是家乡在相当多的人群之中被淡忘,已经找不到可以承载春节这个神圣的节日符号的“家”;越来越多的地方,特别是城镇化加剧的大环境下,家庭旅馆化现象越来越严重。一个突出的现象就是四面八方的人竞相奔走,过年不是愉快的精神旅行,而是疲于奔命般的跋涉。那么,如何有效解决这一问题?

现代社会学尤为讲究对社区文化的重视。就目前而言,城市是精神区域问题最集中也是最复杂的地方;建设民俗社区,以保卫春节为契机,增强节日文化传统意识,这是一个值得我们充分重视的事情。传统意义上的家庭,在群居地是以血缘关系为基本依据的社会单位,村落、街坊之间的邻里关系有着深厚的血缘背景;而现代社会有了很大不同,趋利避义是城市人群间隔膜化,即互不认同的最直接因素。那么,回归传统在今天的意义上,甚至到将来,都是不可避免的,而且它与现代文化的健康发展也并不是绝对矛盾的。人首先是需要情感沟通的,因为文化发展需要——我们面向世界,事实上就是寻找新的文化认同空间,使我们的感情更舒畅。

回归传统,建设民俗社区,就目前而言是解决诸多社会矛盾的有效方式。处处有家园,才能使社会发展中众多的情感障碍和精神疾病得到有效治疗。保卫春节也就因此而具有社会文化发展的战略意义。

我们还会磕头、作揖吗?

文化的层面多重性表明它可以成为产业。说白了,春节是情感的驿站,既是文化的,也是社会的。在都市里面,民俗以春节为典型正经受着一系列的考验,决定着它在未来生存和发展的命运。许多地方开发利用民间娱乐形式,有些是有效的,有些则并不乐观。这种现象向我们提出一个必须回答的问题,就是如何进行春节文化体系的建设发展和保护。

对于文化的传统内容讲,有一些可以成为产业,而相当多的成分则只能保护。这里有一个对于文化建设理解的问题。作为遗产的文化内容需要保护,就是我们这里所讲的保卫春节。例如,拜年作为一种社会行为,既是民俗的传承,又是时尚所要回答的新问题。拜年的形式是多种多样的,用短信问候亲朋好友形成特殊的产业,这不是民俗,但民俗的春节确实包容着它。尤其是青年学生成为此“拇指经济”的主导。那么，未来的岁月中还会有人磕头行跪礼吗？还会有人抱拳行揖礼吗？

磕头和作揖是典型的非物质遗产，需要保护。有相当长的一个时期，人将此看做封建迷信。这是荒唐的。跪礼不是封建时代的产物，而是原始社会就存在的，如辽宁牛河梁神庙等遗址的人像。一提起来磕头作揖，有人就想起了三纲五常，就想起奴性教育。其实不然，旧的时代，人与人之间不平等，有多种因素。今天，新中国建立五十多年了，有没有不平等现象？肯定有。但是，这不是主流。我们的社会有宪法规定人人平等。磕头作揖是有条件的，一定的场合，像春节，晚辈向长辈拜年，这是前提。这一点，韩国和日本在保存上比我们要好得多，从现代影视等材料上我们可以深深感受到这些内容。磕头、作揖等礼俗是有着复杂的历史文化意蕴的，在不同的年龄阶段和场合内有不同的意义。丢失了这些内容，会不会是我们民族文化的损失呢？保存这些并使之延续会不会是对现代文化的伤害呢？其实，这是我们如何理解保卫春节的难点。

问题是会行此古礼俗的人越来越少了。在现代社会发展中，大部分人将此视做陋俗，甚至鄙视之，而一味推崇西方现代文化。其仪式的延续如何有效进行，恐怕这是对我们保卫春节最严峻的考验。与之相连的还有春联的书写等问题，即毛笔书法、春联书写和年画制作的传统，都面临着重要的考验。社会提倡和发展这些传统文化应该是很有必要的。例如，尊老的文化生活中，我们的媒体宣传这些习俗的具体仪式内容，演示时间长久时，自然会得到社会响应。甚至我们可以有意识地建立春节拜年礼仪传统教育系统，这不会影响现代文明的健康发展，相反会使之丰富多彩。这里，我们告诉世人，晚辈在春节向长辈磕头、朋友之间相互作揖是不为过的，都是虔诚的敬意。同时，告诉世人在平常的日子中要保持自己的尊严，讲述“男儿膝下有黄金”的道理。这里我们应该强调的是，春节也不只是去磕头作揖，但是传统文化包括拜年的礼仪的恢复，应该成为我们自觉的意识。“和谐”在我们的传统文化中比比皆是，我们应该有选择地挖掘，保护，发扬。俗，雅，更多的是人为的屏障。今天，以洋为雅，以我为土，这和食洋不化，食古不化一样，并不是什么健康的时尚；说到底，是缺乏民族自信心。那么，如何树立民族自信心？要看到现实，更要懂得我们的实际，包括我们的历史传统，当然包括我们的民间文化。我们的祖先说，礼失求诸野，就是到人民大众那里寻找文化的生机。向千百万人民大众学习，是我们的文化传统；他们的文化包括民间文化，最直接地表现出他们的情感。我们高举为人民服务的旗帜，就应该真正身体力行。我们尊重人民大众，同样应该尊重他们的文化。我们的民间文化丰富多彩，有许多值得我们珍重和汲取的精华。这是我们的民族文化的底色。保护春节，就是保护民族文化，不应该仅仅是博物馆建设事业，当然，在各地建立包括春节在内的民俗博物馆是非常有意义的。我们应该明白，礼仪传统和所谓的迷信是有严格区别的；延续古代礼仪，包括提倡春节传统穿戴，不仅仅是丰富我们的文化生活，它还起到坚定民族自信心、自尊心和调适情绪、感情等重要作用。

一句话，春节是我们民族最神圣的节日，我们应该越过越幸福，越来越快乐。

保卫春节既需要文化系统的建设，又需要争取社会更广泛阶层的支持。在全国乃至全球范围内争取更多的人保卫春节，将其申报纳入世界口头和非物质遗产，应该是我们当代人的文化使命！

2005 年 12 月 8 日于开封

2

关于保卫春节

——在河南大学的演讲

春节是我们民族的希望。爆竹声声，宣告的是辞旧迎新，在各种神圣的仪式中，寄予我们民族对春天的向往。

人为希望而生，为希望而死。在希望之间，形成了自己对生命的一种理解，也形成了自己对生命的一种特殊的理念的实践。所以，春节便成了人们的一个特殊的选择。

年，是对丰收的一种记忆。是对于仪式化、程式化的符号功能的确立。也就是说，我们的某种社会形为，我们要确立它的范式。这个范式是什么呢？就是大家共同沿袭它。不过年行不行？不行。不过年你就不能作为一个人来存在。千家万户，无论是什么人，都要过年。穷人有穷人的过法，富人有富人的过法，不讲什么样的生命，在年的时间单位中间，一切都是平等的。

年和春节为什么结合在一起了呢？

在古代，我们国家对于世界的理解，我们的文化哲学，是以“三五学说”来做基本依据的。所谓三五学说，雏形是在战国时代。它实际上也在不断完善。它讲什么呢，它说，天地人，是世界构成的基本层次；在这三个层次中间，世间万物运行的是什么呢？是金、木、水、火、土。金、木、水、火、土是四方世界的一种表现。为什么叫四方世界呢？古代我们分为东西南北和中间这几个基本的方位。中间呢，被称为土，即我们古代的哲学所产生的背景，就是河洛文明。这个文化的集结地，就是河洛。文明，正是依靠着这样一个自然背景。我们的古人把我们脚下的这片土地中州，称做“土”。它的图腾也是土，土是黄色的，这个帝呢，称为黄帝。然后，东南西北：东呢，称为木，木是春神；把南方呢，称为火，就是炎帝，也叫赤帝；把西方呢，称为寒煞之地，是白帝；北方称为黑帝。各个地方还都有自己不同的神灵系统。这是我们设置的一系列的神性系统，把它作为一种特殊的方位。关于这一点，我在《山海经和中国文化》这本书中曾经做过详细的描述。东西南北，东方，作为木神，东方属木，南方属火，西方属金，北方属水，中原属土。我们对东方就有了一种特殊的理解，崇拜东方之神，就是春神太昊。实际上这是我国古人政治符号化话语的具体表现。我们大家可以看到这种现象，春天对于我们的生命有着比较特殊的影响方式。

我们刚刚就说，一年之计在于春，为什么呢？春天是播种的季节，春天不但播种了万物。耕种，农业的种子，种子的播种，春天还播种了人的生命。春天当年最典型的一个节日，就是“三月三日景色新，长安水边多丽人”。三月三，是个什么样的节日呢？是一个人间最伟大的节日，于是时也，奔者不禁，干什么呢？赶上祀节，就是从二月二到三月三，这是春天一个比较隆重的节日。阳气上升，阴气下浊，整个世界，春归大地，一片鲜花盛开的时候，人干什么呀，人就要寻找自己的幸福，创造自己的幸福。

长安水边多丽人，是我国古代一种特殊的习俗，就是我们现在讲的生殖崇拜，也是性崇拜，或者叫生命崇拜。关于这一点呢，在少数民族中间还有大量的表现，那就是我们现在称之的“野合”，高禖崇拜。一到开春的时候，人们走向田野，在鲜花、在绿树、在阳光下面，在欢声笑语中间各自寻找各自的小伙子、小姑娘。干什么呢？载歌载舞。唱够了，笑够了，玩够了，于是一起过一个愉快的良宵。于是生命就在这里孕育了。当时人们对于这样一个特殊事件，理解是一种自然的原则，而且有意识选择这时候，年和春节在后来的立法中间就这么样相统一了。

关于这个六月，一年做六个月，豫东地区的同学可能记得家乡还有这样的习俗，即六月初一去过小年这样的一个习俗。谚语说，“六月六割块肉”，割块肉干什么呢？报答母亲。六月六是我们中国的母亲节。六月六回娘家，它和我们的正月初二正月初三到娘家到姥姥家去看看，实质是一样的。这两个习俗相融合，大概在什么时候呢？应该是在周代。我国农业农耕文化的确立，从生产技术上到文化理念上，周代是一个重要的整顿时期，一直到汉代。从周到秦汉，这样一个漫长的时代，春节就成了我们这个民族相对固定的一个节日。

春节就是年，年就是春节，这个转变过程中间，人们为什么选择春天作为年的节日性的标志呢？是因为春天是对生命的礼赞。在春天发生了许许多多美好的事物，春天寄予了人们希望，春天也包含了许许多多对生命的赞歌。因而，春节也就成了一个我们这个民族尤为特殊的一个节日。对于春节，我们的古人有许许多多的纪念方式，庆贺方式，表达自己的情感，尤为典型的就是我们常言的祓禊。

所谓的祓和禊，都是古代的一种信仰形式，就是祈福禳灾，就是把不好的东西赶走，来接受更多美好的事物。祓和禊基本上是一个意思，都是迎接美好，驱除邪恶，这样水禊和火禊就成为禊的两种基本单位。什么叫水禊呢？就是洗澡，就是用水做清洗；什么叫火禊呢？就是我们说的烧纸、放鞭炮。无论水禊还是火禊，都包含着人们对于天地对自然对灵魂的一种特殊的理解，是一种最早的文化实践，文化行为或者叫行为艺术。

水禊，刚刚我们举的例子，三月三日景色新，长安水边多丽人。大家可以做个观察，男同学也好，女同学也好，你们去浴池的时候，你们刚一出来，会看见人刚洗过澡的时候，满脸都是美丽。为什么呢？其实就是驱除积垢，对自己身体的一种初级整理，事实上就是人的血液加速循环了，人的气色也就非常好了，人也就美丽了。所以我们就讲啊，如芙蓉出浴。为什么把最美的花比做女性呢？出水芙蓉，芙蓉不出水不好看吗？不好看，一把芙蓉，你把它放在干巴巴的土地上，它没什么意思。水是什么呢？上善若水，水是生命的起源，水与人们对生活的理解密不可分，密切地联系在一起。我们刚才讲了，生命是万物的起源，水是生命的起源，那么在三月三日的时候——古代的三月三和我们现在的春时在广义上是一致的，都是对春天的祈祷，对春神的祈祷——人在非常劳累的时候，洗个凉水澡，洗净自己的身体，非常舒服，舒服什么呢？这是种生命的选择。

火禊更为多，我们放炮，实际上是点燃凝固的时间，一把火把旧的岁月烧了，把它崩掉，驱逐邪恶。在驱逐邪恶的过程中间，我们追求那种告别的声响，就是燃放鞭炮，听满世界噼噼啪啪乱响。

为什么听到这个特殊的响声，会感到特别的振奋呢？这像我们敲锣打鼓一样，敲锣打鼓和放炮是一样的道理。正是在燃放鞭炮的过程，它用声音震撼了我们的心灵，也就把我们过去所有的不愉快都排除了，给了我们一种新的静穆一种肃严的特殊的氛围，让我们对于整个自然界有着重新的理解，对于生命也有着重新的理解。

就像我们过生日，生日是自己的小年，过年是全民族的年，是全国的年。每个同学的生日是自己的小年，生日的时候，买个蛋糕，和自己的同学坐到一块儿——圆圆的月饼，送个馒头也行，送个花也好，表达庆祝。蛋糕为什么是圆的呢，蛋糕不能做成扁的吗？不能，因为这是圆满的意思。春天对于我们的民族来讲，创造了很多美丽的诗篇，因而春节对于我们整个民族的文化具有极其重要的影响。这种作用在我们生活中间处处体现出来。我们说保卫春节，也并不仅仅是我们回到那样一个特殊的日子里面，而是对于我们自己的民族文化的一种重新的整理，重新的理解，重新的认识，是对我们民族自身的一种尊重，是对我们民族的文化尊严的一种维护。

我们的水禊也好，火禊也好，今天关于古老节日的信息，我们缺少实践，更多的是靠“记忆”。所谓记忆就是对我们民族自身历史的认识；所谓尊严的捍卫，正是我们在全球化的语境下，对于我们自身所处的整个世界的位置的一种特殊的理解。

民间文化是多元文化类型中间的一个特殊组成部分。文化世界一般来说可以划分为上层文化、中层文化和下层文化。我们也常常把文化在一般情况下理解成传统文化、时尚文化和民间文化。所谓的传统文化，是国家主流话语，是政治，历朝历代都是这样。它对于政治权力的维护，是一种对社会秩序的维护。还有一种是时尚文化。时尚文化就是我们最新的，最简单的，就是我们的什么手机、网络、QQ，这些都是一些最新的技术。还有一个最重要的文化就是民间文化，就是我们这个民族大家庭共同遵守的生活文化，一种特殊的文化底色。这种文化底色被我们大家共同实践着，时常存在在我们的血液中间。但是，在文化选择中间，我们常常自觉不自觉地丢失了它。刚才我们讲到了，我们在面向文化的新的发展空间的时候，我们常常自觉不自觉地丢弃了自我，这个表面上看起来是对生活的一种享受，但是它却广而大之，形成群的时候，也就是形成潮流的时候，它有时候甚至有意无意地损害了我们自己的文化权力。这就是我们要讲的民族文化国家文化的安全问题。

为什么强调这样一种问题呢？我举个简单的例子，我们回到家乡的时候，我们对家的记忆，是什么样？家对于我们每一个人的记忆具有一种特殊的归宿。在这个归宿里面，家里面的一切都成了我们记忆中间的特殊的符号。这个符号具有着特殊的意义，它成了我们自身的一种特殊的情感选择对象，有人叫情感形象。这个情感形象如刚才我们这位主持人说的，他今天穿上了小棉袄如何如何，这个小棉袄是他姥姥给他做的，到节日的时候才穿。为什么平时不穿呢？因为平时是平淡的，平淡是记忆消极性的表现，而庆贺是生命的一种特殊的整理，庆贺节日就是对自己的生命的一种重新的理解。穿上这个小棉袄，就像过年一样，过年对于我们自身有了一个新的理解，这个理解就是家，就是精神家园，就是人对家乡的记忆。

我们说回家过年，在我们学校不能过年吗？能过年。但是，过的这个年总是让人感觉到冷清了许多。关于家的记忆,关于年的记忆,成了我们人类情感历史上最深刻的内容。实际上西方人也有他们的年,在西方常讲Happy New Year!我们的春节,有许多人给它翻译成"spring festval","spring festval"与它有神似的地方,都是对春天的节日的理解。但是对于我们春节的年来讲,还没有一个更为合适的译法。"Year"本身是对一种时间单位的记忆。其实我们的年用什么样的语言来表达都是苍白的。因为它的内涵太丰富了。

对于我们的春节来讲,我们每一个人从这里出发,又走向了这里。我们说哪一个人是哪一年生,享年多少岁——享年,年就是享受的生命的时光。我们读过《巨人传》,拉伯雷在《巨人传》曾经提到过,畅饮知识,畅饮生活,畅饮爱情。畅饮是无休无止的吗?不是,它与一定的时间相切合。这个时间就是最为整齐的单位,就是年。一年又一年,一代又一代,年年月月,年便成了我们对生活的一种特殊的标志。在对生活的理解中间,我们对于年的接受也就成了我们对于文化的一种重新理解。

今天,为什么我们讲到民族化国家化的安全呢?最典型的就是一个民族它有自己特殊的记忆。记忆是什么呢?我问同学,你们吃饭的时候,你们会感觉到,吃到某一种食物,你会感觉到非常的兴奋。什么样的食物呢?这个食物未必是非常昂贵的东西。你比如说农村来的同学,可能吃个捞面条对于自己来说,有着特殊的情感。那片贫瘠的土地,吃捞面条的时候,捞面条的清爽,它的润滑,里面包含着许许多多东西。面条作为长寿的标志等等,会有一种特殊的感受。也可能小时候,你对橘子有一种特殊的情感,为什么呢?在你生命最乏味的时候,橘子给了你一种新鲜的感觉,我们读到冰心的《小橘灯》时,我们感到非常的清新哪!有时,我们吃那个酸杏子也会牢记一辈子,为什么呢?记忆,记忆中间最美的是人的审美思维。它有一个点,这个点对它形成一个特殊的形象塑造,怎么塑造呢?大脑的皮下层对它产生刺激的时候,对它形成了一个回归。与政治和国家一样,一个国家它要对自己的民族进行整合,整合它的文化情绪,靠什么呢?靠记忆。我们常说,我们是龙的子孙,有一个歌唱家唱得好啊,虽然洋装穿在身,我心依然是中国心。靠什么呢?靠记忆,记忆中间有五千年的文明或有七千年的文明。

我们是文明古国,文明古国就值得我们骄傲吗?对,值得我们骄傲,我们以长为美,以大为美。我们说,我们是大中国,我们民族有着特殊的时间形象,有着特殊的地理形象。这个时间形象是什么呢?就是几千年的文明,我们几千年的文明一直没有中断。我们几大文明古国,现在只有我们中国的文明一直延续下来。那么我们从地理概念上讲呢,我们有五十六个民族,五十六个民族五十六朵花,还有我们有960万平方公里的陆上土地,我们有包括海洋在内的广大的疆域。所以,我们感到以大为美。我们在这个大家庭中间,其乐融融。这种文化现象也一直在积累着、赓续着。于是,国家的文化安全,就是以这样的美丽的记忆为背景、为依靠。而民间文化在很大程度上成为国家安全的一个重要基础。

为什么要过年,这是我们祖先流传下来的,这是我们对自己祖先的尊重。年复一年靠什么呢?就靠一代一代的延续。这不是封建迷信。年是我们伟大的节日,在这个节日中间,我们的民族整合了情感,和解了社会上许许多多的矛盾——过年不但有利于身体健康，更重要的是利于精神健康。我们全民族是这样，所以一个民族的历史便成了我们一个民族认同的基础。古人因而就讲，以史为鉴，可以知得失。我们总结我们一年所经受的事情的时候，我们就会对自己有一种特殊的理解。比如那个事我们觉得很惭愧，过年的时候，找到好朋友谈一谈，有一个事情我们误会了，请你多谅解，让我们新的一年有一个新的气象吧。我想在这个时候，你的同学，你的朋友肯定会说："不要紧，让我们一同迈进新的一年吧！"这是一个普遍性的东西。那么一个国家呢？一个民族呢？也是在美好的记忆中间形成对自己形象的一个维护。所以古人有警句："欲灭其国，先毁其史。"什么叫"欲灭其国，先毁其史"呢？史，是过程的审视，就是对自己的精神思想的记忆。为什么毁掉国家与民族，必须毁掉记忆呢？我们举个例子，大家知道成语中间的"楚虽三户，亡秦必楚"。为什么呀？秦不是很强大的吗？楚国人虽然只有三大家户，却一定会把秦消灭掉。这靠一种情绪，什么情绪呢？就是对别人情绪的整合。在我们这个人类的长河，俗语中间还有这么一句："君子报仇，十年不晚。"十个春节以后再说，干什么呢？把这些深深地埋藏在自己的心底，让它生根，让它发芽，让它长成参天的大树，然后做成尖利的武器，去消灭自己的敌人。这多么可怕啊！事实上一个人的形象，一个人的记忆，一个人的精神，一个人的思想和文化一样融合在这些平平凡凡的道理中间。所以"欲灭其国，先毁其史"的警示十分震撼人心：要把它的政权毁灭，首先要消除掉它的记忆。

今天我非常不客气地对同学们说，对圣诞节我们要慎重。能不过它，就不过它；整顿好情绪，过我们自己的节日。同学们实在没意思过了，我们大家宣布一个寝室的节日。我们不去过它，我们干什么呢？我推荐一本书，同学们有机会可以读一读，20世纪八九十年代，有一个英国女记者叫桑格斯，曾经写过一本书，叫做《美国中央情报局与冷战思维》。它用大量的事实举发了美国中央情报局在世界各地推行的一种文化战略。这样，一些个事情，包括现在的各种食品，有些什么可乐、肯德基啊，在某些程度上，都受这种战略利益的驱使。大家都不要简单地看这些东西。这不是危言耸听。这本书同学们有机会了可以看看。因为在西方，好多国家都有它自己的狂欢节，都有自己的感恩节、复活节等等这些节日，美国的中央情报局恰恰要深入进去。干什么呢？它渗透美国思想。美国思想是什么呢？所谓的民主，所谓的自由，都是从他们自己出发的，要消除他人的文化。所以我们看到，喊一声"圣诞快乐"对我们国家来说，有一点不负责任。我们问声新年好不行吗？多随便哪。这里不是我在夸大其词，确实包含着这种因素，这个因素是漫长的，常常是一代人两代人有意识地在进行这种文化的浸染。

所以对于我们目前来说，在全球化语境下面，我们学英语非常好，说得非常流利，我们的视野也增宽，我们的胸怀也广阔了；但是有一点，我们的意志，我们的品格，还真的坚强，还真的崇高吗？我们对于我们自己的文化，我们有多少理解呢？有人在歌声中说，无论走到哪里，我都有我的一颗中国心。你的中国心是什么？你对上帝的皈依，你对自己的国家不负责任，你对自己的亲人麻木不仁，你是什么样的心？在这一点上，从哪里出发，实际上就是从我们身边出发。

这里，我提醒大家深入思索两个问题：一是近代以来，特别是"五四"提出的科学与民主的新文化、新思想，与民族传统的关系，包括它形成的新的传统与我们的生活态度的关系究竟怎样。今天，有不少人严厉批判义和团，批判近代农民起义，批评他们盲目排外，似乎他们祸乱天下，比那些举起屠刀残杀无辜生命的洋人还要可恨！我们面对世界，是否就是丢下尊严？我告诉你们，周作人永远都是中国现代文化的耻辱！中国知识分子中不厚道、少廉耻、无情义，这种种劣根，在今天并没有完全绝迹！李大钊是我们现代文化的光荣，铁肩担道义，妙手写文章；还有鲁迅，横眉冷对千夫指，俯首甘为孺子牛，这才是我们现代文化的良心！一是抗日战争作为民族独立、自由、解放的伟大事业，在今天，它成为我们的思想、文化的遗产时，我们应该如何对待它的特殊意义。尤其是当年那位叫雨来的小英雄，他说，"我们是中国人，我们爱我们的祖国"，这究竟有什么意义！

在世界文化的交往中，文化从来不是空洞的，民族利益从来都是实实在在的。世界上没有一句"圣诞快乐"，那固然是可悲的，但如果全世界只有一句"圣诞快乐"，那是人类的幸福吗？

也可能有同学说，过年太沉重了，上纲上线，怎么成了这个样。这是多种原因形成的，不怪你们，但我们每个人都有责任。

我们不可能回到作为传统的昨天的河流，但我们永远离不开传统。

传统是我们的基本标志。

春节快到了，我们来保卫春节。怎么样保卫春节，在我们生活中间，我们要实践我们的礼仪来过年；过年就是春节。在我们民族文化生活中，庆贺丰收，庆贺我们自己一年的精神生活，听了老师的课，听了同学的讲演，听了大家愉快友好的喜事，我们庆贺。我们怀着美丽幸福的理想，走向明天，过一个又一个年！即使我们活到一千岁，一万岁，我们也不敢忘掉！如果有一天我们生活在一种原罪之中，你还会有那种快乐吗？每一时每一刻我们都会想到希望，看到大红的灯笼，看到大红的蜡烛，听到惊天动地的鞭炮声的时候，我们就重新回到了自己的精神家园，这是对民族文化的一种自觉的维护。

所以我们走向春节，保护春节。怎么保护春节呢？现在就是说我们还会过年吗？我们到哪里过年呢？在这里我提个要求，同学们，要回家，无论家多遥远；没有钱，老师同学给你凑，我们要回到家乡。如果有特殊的情况，回不了自己的家乡，打个电话，要问候问候自己的父母亲人。当然，这是我们不得已所做的事情。为什么呢？严重的是我们现在对于家的理念太淡薄了。家，应该是我们快乐的家园，是一个永远充满了快乐的精神家园。

童年的一切都是我们的神话，而每一个神话都是美丽的。在神话中间，没有丑恶，只有美丽。为什么？这是人类共同的财富，一个人是这样，一个民族是这样，一个国家也是这样。对于春节来说，它同样是我们每一个人的神话传说中最美丽最动听的一个段落。

所以，我们要回家过年。

家在哪里？家在我们的心里。路途遥远，千山万水，都挡不住我们对年的渴望，对家的思念。因为父母养育了我们血肉之躯，家乡是我们出发的地方，我们不能忘却家乡。无论我们身在何处，永远不要忘掉家乡。如果一个人忘掉了自己的家乡，忘掉了自己生存的那片土地，生养自己的那片土地，忘掉自己的爹娘,那一个人还会有多大的前途呢?

民间百姓讲:狗不嫌家贫,儿不嫌母丑。狗也不嫌家贫,是人对狗的一种礼赞;狗是人类社会中间一个极其崇高的动物。神话传说,今天我们的麦子为什么只有一个穗?阐释方式中的一说,说是由于当年人所遭受到巨大的灾难。天地对人浪费粮食,无休止地浪费粮食,要惩罚,灭绝粮食。狗就对天帝说,给我留一口吧,我没有做错事。我们今天吃的都是天帝对于狗的一种礼遇。麦子,在神话传说中就成了狗对人类的施舍。所以"猫狗一口"。同学们,特别是农村来的同学,很多时候都会有这样的经历,就是家里面养的一只狗,和自己的感情常常胜过与同学好朋友之间的感情。为什么?因为它特别忠诚。今天城市里面为什么养宠物,很多人养狗呢?你拍拍它,它会对着你笑一笑,它比人在某种程度上来说,更富于感情。有一个艺术家曾经讲过,一个无情无义的人,远远不如一条能讲情能讲义的狗。情感的匮乏是我们整个社会的通病。所以大家应该去互相温暖。在这里不说其他内容,说家——每一个人都有家,我们在外学习是报了国而顾不上家,但这"国"和"家"是辩证的,并不是对立的,绝对不是相互冲突的一对范畴。我们走多远,都要想着家。

在回家过年的时候,我们可以看到,那么多的民工,挣上钱的,没有挣上钱的,都要回家过年,抹一把鼻子,抹一把泪,对着寒风,对着苍天喊一声:"回家过年!"无论票价你交通部、铁道部涨多高,哪怕你是十万块钱一张票,我们仍然要回家过年,走着也要回家过年,回家祭拜自己的那一片天地,看望自己的亲人,对于自己的家乡的土地,表示深深的感谢。这是我们这个民族对生活的热爱,也是我们这个民族对自己情感的一种维护。

前几年,有人在进行文化比较的时候,曾经说,说中国这个民族太恋家,不像蓝色文明,不像西方人那样,冲破自己的牢笼,走向全世界,如何如何。事实上,不同的历史塑造了不同的民族,不同的民族的精神体现了不同的民族文化风度,文化没有优劣,没有上下高低之分。文化是一个整体,所有的文化和人在年面前都是平等的。所以我们尊重别人的文化,更要尊重自己的文化。

回家过年,同学们,我提议,大家共同行动起来,在网上,通过各种媒体,大家呼吁,让我们的交通部门尽量地能够把票价降低下来。甚至我们提议,同学们和民工一样,我们凭着我们的证明,免费回家过年。只凭自己的学生证、身份证,就可以回自己的家乡。为什么呢? 再不回家过年,我们就失去了我们最真诚的情感! 最真诚的情感从哪里出发? 人以群而分,是什么样的群呢?

每个人都有自己的历史背景,我们的父母是生在那样一个贫瘠的土地上;给我们留下的,还可能是我们上大学时候仍然负债累累,但是他们给我们的精神却是比黄金都要贵一万分一亿分。

回家过年,回家怎么过年? 回家要遵守家乡的规矩,遵循家乡的一切的规则。回归那片土地,和自己的亲人多说上几句话。可能同学们对前几年的一首流行歌曲印象非常深,《常回家看看》,当听到《常回家看看》的时候,很多人的心里都不平静。同学们今天都是豆蔻年华,对世事没有太深的感受,一旦你们走进社会生活的时候,你们对于家便有了一种特殊的理解。常回家看看,回家看什么呢? 又是刷盘子,又是听牢骚,又是吃饭怎么怎么的，事实上这就提出了一个特殊的问题，这就是情感回归的问题。

我们现在老是强调春节越过越没味了。家在什么地方？我们提出了建设民俗社区。我们不要光学习，我们要会快乐地学习，会快乐地读书，尤其是营造快乐的氛围。同学与同学之间一定要友好相处，一定要相互关爱，一定要相互关心，相互温暖。在每个人的心中都有一个家，这个家聚集起来就是一个温暖的大家庭；温暖的大家庭是人一生的幸福。你们从祖国的四面八方走进了河大校园。在这片土地上，你们的寝室就成了你们最基本的单位，你们七个八个人聚集在一个单位里面，你们就像亲兄弟亲姐妹一样；这是你们前世所修下的福分，所以大家要珍惜这个福分，要团结友爱。春节在它的层义上，就是对于家的一种整合。在寝室里面可以过年，但是要尽量地回到自己的家里面去过年。

我们今天面对这样一个纷繁的世界，也面对一个非常重要的命题，就是过年。过年吃顿饺子，费了那么大的劲，挤火车，一路风餐露宿，就是为了吃那一碗饺子吗？不是，这是我们的年变味了。我们要恢复年的记忆，恢复年的形象，恢复年的欢乐，恢复年的实质——那就是狂欢。什么样的狂欢呢？精神的狂欢。年，我们回家要干什么呢？回家放炮去，回家玩去！不要光工作，不要光学习，不要光自命清高。看看自己家乡的土地，想想自己还有多少路要走；无论你有多么了不起，在家乡都是渺小的。回家，干什么呢？回家去寻找自己儿时的记忆，这对于自己是多么美丽的一件事情啊！

所以，回到春节，保卫春节，在春节我们要学会幸福着我们的幸福，快乐着他人的快乐，温暖着天下共同的温暖。保卫春节要从我们自己做起。春节是我们这个民族最伟大的遗产。这个遗产，我们应该珍惜它，爱护它，发展它，保护它，让它更加丰富多彩。在这里面呢，我们就举到一个例子，这就是我说过——我们还会磕头吗？我们还会作揖吗？

磕头，在这一点上，有许多同学都把它说成了封建迷信，其实不是这么回事，远远的不是这么回事。封建是什么呢？封建是诸侯国家的事情，西周封建诸侯也好，战国封建诸侯也好，它都是一种特殊的政治概念。迷信是一个什么概念呢？是一个信仰问题，是一个文化概念。政治、文化，在这里，与封建、迷信搅和在一起，去涵盖一切传统文化的内容，这是一种荒唐，大荒唐。磕头在某些程度上来说，是我们这个民族的非物质遗产。我们会磕头吗？三拜九叩，磕头，什么时候磕啊？只有过年或者重大节日的时候才磕。磕几个头，你会吗？我们未必会。我们不会磕头是我们这个民族的进步吗？我们这个民族从土地上真正地站立起来了吗？有一首诗，《不跪的中国人》，讲一个民工，当一个外国的资本家要求他放弃自己的尊严向他人下跪的时候，他不跪，宁死也不屈。在这一点上，正是反映了一个民族的特殊的气节。所以我们在跪的时候，我们面对谁来跪？面对我们祖先的灵魂，我们可以下跪，面对我们庄严的国旗，我们也可以下跪。面对自己的父母，在节日的时刻，我们郑重地跪下来了，感谢我们的父母对我们的生养，这是人间最神圣最纯洁的一种情感。

作揖，我们会作揖吗？作揖有很大的好处，西洋文化在近代历史文化大潮中间，影响了我们这个民族的生活行为，包括我们对身体相接触的这种理解。西方人见了面要拥抱，还要亲一亲脸颊，那是一种野蛮行为；但这种野蛮却成为我们今天宝贵的财富，这让我们感到尴尬。拥抱不好，并不是说男女授受不亲是一种古礼，它有它特殊的范围。拥抱怎么不好呢？现在禽流感、SARS，这么多病毒，我们能不洁身自好吗？握手好不好，握手不好。为什么不好呢？在握手的一瞬间，人的细菌相互感染啊。所以我们说，作揖好。作揖怎么好呢？作揖是在远远的甚至声音都听不见的时候，把手举起来，拳拳之心，如何如何。

同学们，将来合适的时候，我们开办一个传统礼仪学校，专门教大家怎么样磕头，怎么样作揖，怎么样敬礼，这也未尝不可。为什么呢？看看我们的邻国，你走到日本，你走到韩国，你走到那些现代文明发达的受中国传统文化影响的国家的时候，你会感觉到在那里现代文明成为一个民族最宝贵的财富的同时，古典文明也成了这个民族尤其坚强的信仰。我们人与人之间鞠个躬，又有什么不好呢？它让所有肢体语言都变得尤其的清晰，尤其的简洁，尤其的文雅。你的手没洗，上面涂满了污秽，你去伸向别人的时候，你负了责任吗？但是作揖抱拳的时候，我们把手高高举起的时候，你就不用担心这些内容了。这是我们的民族自己几千年的一种选择。可以想象，未来的一百年，三百年，五百年，甚至可能未来永久都以我们的作揖为我们这个世界的最优雅的动作。

同学们，有时间大家练习练习相互作揖。保卫春节从这里做起，春节当然还有丰富多彩的生活，春节并不是简单地去吃、去喝，春节还有更多的精神生活，在这一点上，我们从我们的戏曲、影视上看到很多。比如穷人过年，富人过年，富人过年未必真正的幸福，穷人过年未必真正的贫穷。你看《白毛女》芭蕾舞中的那个喜儿，来回用那种十分快乐的肢体语言去表达扎红头绳的情感，多么漂亮！这就是一个民族情感记忆的表达。并不是说春节中的一切都是我们民族无限珍贵的财富，但它绝对是我们民族最深刻的记忆。

在这里面，我们对于自己的传统文化应该有新的理解，要学会尊重年，要学会拜年。当春节来临的时候，同学与同学之间相互问候新年，给老师表达自己的敬意，对自己的亲朋好友表达自己的善意，对整个社会表达自己的诚意。同学们，不管你的毛笔字写得怎么样，回家过年的时候建议你们用毛笔字写一写，拿起来彩笔去画一画，画一个巨大的心，写上：我爱人间的一切。这是对人的关爱，千万不要回到家光去读书，光去品尝别人的幸福；要学会自己去创造光荣，创造自由，创造欢乐，温暖世界的每一个角落。同时，我也希望同学们回家过年，把家乡的民俗、春节的习俗，用文字的形式或用其他手段详细地描述下来，成为自己珍贵的记忆。

保卫春节，我们从每一个人做起，从我们现在就可以做起。今天讲的不是太充分，但是我一直都在想，传统文化作为我们民族所特有的精神遗产，我们应该有一个新的理解。在目前呢，我们全国正进行着全民族的民族民间文化遗产的保护与抢救。我们把民族遗产分为五大部分，有自然的、历史的、口头的，有物质的，有非物质的。春节作为口头与非物质文化遗产是一个重要的代表。因为今天从农耕文明转向了工业文明，我们可以看到，在农村广袤的土地上，收割机呼呼啦啦地发着声响的时候，我们告别了镰刀，镰刀变成了人们的一种记忆。我们爱护我们的民族文化遗产，并不是我们重新拿起了镰刀，把收割机赶走，恢复我们的心酸。不是这样,而是要有自己的记忆;我们应有自己应有的责任感、使命感,就是在我们每一个人的心目中,要有一个意识,对自己的家乡有我们的郑重记忆与表达。同学们回到家乡以后,要养成一种记录民俗志的习惯。事实上你的记录不仅记录你个人的历史,也记载你家族的历史,也记载你最终的历史,这本身就是对人类文化的一种贡献。为什么呢?在许多发达的国家,像美国,美国是世界上发展最迅速的一个国家,它有一个五十年一百年的电线杆,甚至都成了他们的一个遗产。与他们相比,我们感到非常的自豪,我们身后的铁塔几千年了,多少次地震,多少次水灾都没有毁坏它。当年日本人曾经用炮弹对准我们的铁塔,打了多少炮弹,大概把六棱打掉了三棱,它仍然屹立着,50年代修复的时候,工人曾经在上面发现了很多的弹孔,今天还在保存着。铁塔成了我们河南大学的一个图腾了,我们因为它而光荣,而骄傲。我们的大礼堂包括我们在座的这个楼房,都成为我们河南大学最珍贵的精神文化遗产。我们的校园并不仅仅是古典建筑,更多的是它曾经承载了许许多多的文化事件,成为我们这个学校的光荣历史的一部分。

我们要珍爱我们的国家,我们对五星红旗永远充满敬意,任何时候我们都要对它要有神圣的礼遇。对于国家这个字眼,我们永远爱护它,并不是说因此我们就容忍我们一切的不文明。不是,是说对于精神文化遗产,一个文化符号,要有一种特有的责任,自觉的意识;保卫春节,保卫文化遗产,与保卫这个民族的文化财富是相统一的,并不是让大家仅仅去磕头,去作揖,去放炮等等。尤其是在文化发展的历程中间,我们每一个人都有自己的责任。我们要学会走路,我看同学们在校园骑车子乱蹦的时候;看同学们不会走路,歪三扭四的时候;看随意吐痰、随地扔垃圾的时候,我心里感到非常的难受。我们这个学校有一百年的历史,风景秀丽,希望同学们从我们身边每一个角落做起,珍爱我们的生活,珍爱我们的文化,珍爱我们的校园,珍爱我们的寝室,珍爱我们的教室。

更重要的是春节就要来临了,我希望同学们为我们春节的丰富多彩,为这个民族的美好未来,积极贡献自己的力量,行动起来。

3

过 年

——在2006年中央电视台《百家讲坛》的演讲

（画外音：春节，也就是年，是我们先人秉承几千年的文化精神。然而，随着全球化、信息化日益加剧，春节丰富的文化内涵渐渐褪色。许多人感慨，春节越过越没有意思了。洋节反倒更受年轻人的欢迎，诸如圣诞节、情人节。前不久，高有鹏教授发表的《保卫春节宣言》引起了社会各界的讨论。那么，我们的春节会丢失吗？春节对我们究竟意味着什么呢？我们应该如何为传统的春节注入新的活力呢？河南大学高有鹏教授做客《百家讲坛》为我们畅谈过年。）

观众朋友，大家好！新年的钟声就要敲响了，今天我们讲过年。那么为什么过年呢？年，作为春节这样一个特殊的节日，对于我们中华民族来说（包括其他民族也有），是一个尤其重要的节日。这个节日充满了一种期待，充满了祝福，也充满了希望，是我们这个民族非常珍贵的文化遗产。我们中国人过年事实上也就是对自己情绪的一种整合。古人曾经讲:“日出而作,日落而息。帝力奈何于我哉!”觉得很舒服。但是你光舒服,你还有任务。我们除了对于物质生产的这种发展之外,还有人自身的发展。那么这种发展与年就有了更为特殊的意义。我们劳作一年了,我们的身体和我们的精神,就是身心都需要整合。一年十二个月,《红楼梦》里面曾经有一段唱:“一年三百六十天,风霜刀剑严相逼。”那是痛苦的啊!但是更多的是什么啊?是我们祝福新的世界,对自己也是一种激励,要有自信心。那么在这种狂欢中间,我们的民族不断得到了身心健康的一种发展。所以这个春节就成了我们中华民族十分重要的一个文化符号,也成了我们基本的文化标志。更重要的是什么呢?是对于整个道德秩序、文化秩序、社会秩序进行了一种整合。怎么整合呢?这就是在年的传承中间延续着我们民族的文化传统。

那么年这种文化符号是从什么时候开始有的呢?其实在上古时期还没有“年”的概念。尧舜时称“载”,夏代时称“岁”,商代时称“祀”,周代时才称“年”。在《说文解字》中,年,即稔,谷熟。年的含义就是稻谷成熟了。因此早期的过年是庆祝丰收和祭神祀祖的活动,到了唐宋时期,年才形成一种人与人之间的祝福和狂欢的这样一种文化传统。那么这种文化传统又是依靠什么延续至今的呢?

在我国的文化发展史上有许多文人雅士,他们对于年和普通百姓一样充满了许多的期待和向往,也充满了许许多多的祝愿。很有名的像王安石的一首诗:“爆竹声中一岁除,春风送暖入屠苏。千门万户曈曈日,总把新桃换旧符。”这四句诗实际就描述了四个非常重要的民俗活动。首先,爆竹声中一岁除。过年放炮,放炮是年的标志。平时放炮叫过年吗？不是。你家生了孩子,你们噼噼啪啪放一顿花炮;你们的企业开张了,你噼噼啪啪放一挂炮。这个叫什么？叫庆贺。节日和假日也是两个概念。假日你随便都可以放,你自己店里面,你学校里面,你这个机关里面你觉得有重大的节日,放假。好,就放假了。但是节日是全民族共同遵守的,最少是一个地区所形成的这样一个固定的时间、固定的地点、固定的仪式的这种节日。“爆竹声中一岁除”,那就放炮,放炮才有年的气息。放炮干什么呢？有小炮,有大炮,嗵嗵嗵乱响。在响的过程中间人们得到了一种身心的愉悦。为什么呢？一年这么劳累,跑得太累了,我们奔波,我们跋涉,我们为子孙操劳,我们为他人服务。生命的周期常常是以阶段划分的,一年就像是机器一样。机器也得歇一歇,何况人呢？那么对于生命的尊重就有了以爆竹为符号的对年的一种呼唤。好,爆竹声中一岁除。春风送暖入屠苏。春风送暖,春啊,春天,对春天的呼唤,不是春天的风也是春天的风,反正是对春天的一种向往。入屠苏,屠苏是什么？是一种酒,就是我们现在说的药酒,有的称雄黄酒或者什么什么的。有人考证说屠苏酒不是雄黄酒,这个我们不管,反正就是喝的酒。喝什么酒都行。过年要喝酒,酒并不仅仅是我们喝的,这里面出现了一个特殊的活动——用酒来祭奠祖先,然后我们喝。冬天冷,喝了酒不就暖和了吗？同时还有一点,喝醉了才能说真心话啊,大家高兴啊,酒后吐真言。不讲怎么样,喝醉了酒那个幸福的状况,有很多男士可能都有亲身的体验。喝得太多不好,要适可而止。过年的时候喝一点就是幸福的、是自豪的、是温暖的。大家喝一点酒对身体还是有益的。但是不要酗酒。千门万户曈曈日,把窗户擦净,房前屋后打扫干净。曈曈日,非常明亮啊,总把新桃换旧符。

新桃、旧符,桃符就相当于我们现在的对联。早在秦汉以前,我国民间每逢过年就有在大门的左右悬挂桃符的习俗。桃符就是用桃木做的两块大板,上面分别书写传说中的降鬼大神“神荼”和“郁垒”的名字,用以驱鬼压邪。大约过了一千年,人们才开始把联语写在桃木板上代替了降鬼大神的名字。宋代以后,桃符又由桃木板改为纸张,叫“春贴纸”。到了明代桃符才正式改称为“春联”。

把新桃换了旧符,这是对新的世界的一种期望。王安石当时写这首诗的时候是处在北宋政治改革的一个年代,充满了对未来美好事物的向往,坚定信心、充满豪情。王安石是一个很了不起的政治家、改革家,他是这样的。那么民间百姓事实上同样,大家对年都充满了向往。有一个歌谣唱得非常好,大家也都有印象:“年来到,年来到,闺女要花,小子要炮,老头儿要个破毡帽。”童谣是俗语,但是俗语不俗。童谣是可以作为历史去看待的。这里面表现了什么呢?年来到了,年来到了各有所求。求什么呢?闺女要花,闺女为什么要花?一首民歌里面唱得好,姑娘好像花一样。姑娘为什么像花一样,为什么不像树一样啊?这里面就包含了我们这个民族的特殊的审美,闺女要带花,过新年。这里面事实上也表明了对生活的一种美丽的向往。小子要炮,小子为什么要炮,小子要炮,小子就是男孩。我们这个社会常常有重男轻女的现象,现在我们社会进步了,这种意识基本上没有了。但是以往,大家觉得男孩是整个社会的一种期望,是主导,就像现在的少年先锋一样。他要炮,他为什么要炮,他为什么不要花呢?男孩不能要花,男孩要要炮。要炮干什么呢?放一放。他是不是也得驱除邪恶啊。不是那么回事,就是高兴。这个放炮我们刚才讲了,爆竹声中一岁除,实际上是有一个历史转变过程的。现在我们都说炮如何如何,爆竹是怎么回事,更早的是爆竹。古代有首歌谣叫做弹歌,有的人念弹(dàn)歌,字不多:断竹,续竹,飞土,逐肉。说的是什么呢?就是说这首诗,传说是黄帝时代,轩辕黄帝时代就有的。什么意思呢?为了驱除邪鬼对于父母的尸体的侵害,于是就把茅草点着,里面放一些竹子,把竹子结成捆,一阵嘣嘣嘣嘣乱响,人们就认为它可以驱除邪气。好了,但是后来呢,社会发展材料也就变化了。现在的爆竹最早有人考证说唐代有了现在的纸炮,因为有火药了。到宋代造纸术更加发达了,所以后来爆竹更多了,就有鞭炮了,不像以往那样是简单的爆竹嘣嘣嘣嘣乱响,这时候爆竹和对人生活的期待一样,嗒嗒嗒嗒、嘣嘣嘣嘣就乱响起来了,越响越长。所以这个孩子放炮成为历史的传承。我们常常讲年轻人是世界的希望,他们像早晨八九点钟的太阳一样,那孩子更早啊,这是五六点钟的太阳。那么这个太阳他放炮,为什么要放炮,事实上,对天地敬畏的意义,有没有呢?有。但是更多的是一种宣泄,这是孩子的一种宣泄,更重要的是他希望在这种剧烈的声响中间对自己是一种锻炼,锻炼什么,锻炼自己的勇气,增强自己的自信心。所以我们这个民族的每一个节日都是我们重要的文化遗产,春节尤其是这样。在我们的社会生活中,我们有诗歌去赞颂,有童谣去描述春节。更重要的是在我们社会生活中间,过年,这个春节形成了一个固定的仪式。

俗话说,过了腊八天天是年。在民间,传统意义上的春节是指从腊月初八开始一直到正月十五。在这段时期内包括祭灶神、祭奠祖先、守岁、拜年等活动。那么这些活动究竟有着怎样的文化内涵呢?

我们的年节从什么时候开始呢?时常说一到了腊月,“一吃了腊八饭,就把年来办”。腊八有的把它称做小年,但是真正的小年是在腊月二十三。春节是一首交响乐,腊八的时候,就像生命交响曲一样,咚咚咚咚,开始拉开了。然后一到腊月二十三,咚咚咚咚就响起来了。响起来干什么,这一天有一个特殊的符号,那就是祭灶。祭灶是春节一个十分重要的活动,这里面牵扯有一个什么呢?有一个传说,说有一个张大郎,他身在福中不知福,他娶了一个非常贤惠的女子叫郭丁香——各地方不一样;这个郭丁香非常能干,她帮助张大郎把家业发展得非常旺盛。但是张大郎觉得我有钱了,就像我们现在有一些人特别是一些企业家,发了一点小财,开始想搞个二奶什么东西,他就败坏起来了,吃喝嫖赌,什么都干,弄着弄着坐吃山空,他慢慢地搞穷了。在这之前他富裕的时候包二奶,搞二房什么东西,花天酒地的时候把郭丁香赶走了。好,张大郎过着过着穷了,人家也跑了,无家可归,开始流浪了。有一天他来到一户人家感到气息非常熟悉,进来要饭,行口饭吃。开门的是谁呢?郭丁香。郭丁香带着几个年幼的孩子在家里面一直还在守护着张大郎,尽管他不争气。郭丁香说,请进来吧。这是你的一些儿女,这是咱们的家。张大郎说,我现在什么都不想,我只想我好长时间没吃饭了,我太饿了,我想吃点饭。郭丁香把他领到灶房里面给他做了很多好吃的。这个张大郎觉得怎么这样呢,越想越惭愧,越想越邪乎,想不开,一头钻进灶膛里面,无地自容。后来苍天知道了,那就让这个人当灶神吧,以后让老百姓都记着:结发妻,糟糠不下堂。我们和谐社会更需要这些内容。灶神在春节的时候,他的地位非常高。为什么呢?有一副对联说得好:“在天言好事,下界保平安。”还有写什么,“二十三日去,初一五更回”。二十三日去,是怎么回事呢?说腊月二十三他上天,骑着老公鸡跑到天庭上给老天爷汇报,人间有什么好事,有什么不好的事。什么时候回来呢?初一五更回。回来干什么呢?回来跟家里面人一块儿团聚。于是对于这个老灶爷形象不讲怎么样,但是老百姓还是认同他了。就是说,虽然这么不争气,但还是我们家的一口人。于是对他表示尊重,又怕他在天庭上乱说,这个人平时那么品德不好,有了俩钱就胡作非为了,谁也难保他诚信不诚信。于是老百姓又买了一些麻糖塞在他的嘴上,涂在他的嘴上,就是说封住他的口不让他乱说。好,吃麻糖于是就成了春节前的一道准备了。慢慢又开始了,人们等啊等啊,办了很多年货到腊月三十就是腊月份最后一天——有时候没有三十那一天是二十九,二十九也是三十。除夕干什么呢?守岁。守岁在这个时候举家团圆。人们在团圆的同时,大家要期待着那个子时的来临。大家都期待着守岁来接福。守岁干什么,是为了接到幸福。幸福从哪里来,这个时候就有了一个非常传统的习俗,就是对于祖先的祭奠。所以在人们的厅堂上都要挂上自己最敬爱的人还有神龛,就是天地神灵,挂自己的列位祖先。干什么呢?人们在那儿插上香,放上供品。“一年到头啦,你们回来了,你们子孙干得也不错,虽然没有大的本事,也是为国家为社会做出贡献了,你的在天之灵可以安息了。你,包括苍天来保护、保佑我们这些善良、勤劳、聪明、正直的人吧!”就是这个意思。所以当子时来临的时候,好了,为了庆贺这个时刻,一到除夕正点的时候,千家万户，咚咚咚咚，噼噼啪啪都在放炮。放炮干什么呢，作为对天地的一种证明、昭示，把所有的邪恶都驱除出去，将一切不愉快的事情用炮给它崩个干干净净，然后迎来一个新的春天，迎来新的吉祥，让所有的日子都充满了幸福，充满了光荣，充满了一切的美好。都来吧，我们来迎接这样一个新年。所以过年在这个时候达到了最高峰。然后天一亮干什么呢，人们都挨门接户相互拜年。

在许多地方，我们常常看到这样一种现象，无论平时大家有多么多的解不开的疙瘩，到过年的时候，一句新春的祝福许多事情都化解了。在很多地方发生宗族之间的争斗、械斗，闹得不可开交，其实很多都是鸡毛蒜皮的事。大家为了维护自己的尊严，都去怎么怎么着。到过年的时候，大家都觉得这样一个时刻是一个神圣的时刻。那么和为贵，于是，双方或者有一方提出来，另一方一般不能拒绝。大家一块儿拜个年，“我给你拜个年了”，如何如何。那个人说过去的事情都过去了，新的一年咱们从头开始吧，如何如何。就像我们以往说的那样，都是为了一种祝福，都是为了一种期望，都是一种心愿。在年中间大家相互拜，拜的意义是什么，其实就是为了一种情感上的沟通啊。

过了初一那就有更多的新年议程，有的时候初二初三大家走亲戚。好了，到了初五又一个小年。二十三是个小年，正月初一是一个大年，年的最高潮。到了初五的时候，有一个小高潮，这又是一个小发展。这个时候大家就开始慢慢地准备春耕。我们是个农耕文明的一个国度，形成我们的生活习惯。这个交响曲就像音符一样，咚咚咚咚，慢慢地就下来了。说不要狂欢太过头了，适可而止。过了初五之后，过了几天，于是就有了元宵节，点亮灯盏，于是就走出年夜的狂欢，走出这样一个狂欢的世界。整合自己的身心，干活去吧，该去打工的走出去吧。于是这个年节这个交响曲就是这样，咚咚咚咚就响起来，一代又一代地生生不息地响着。这就使我们想起来，我们古代典籍中间曾经说："天行健，君子以自强不息；地势坤，君子以厚德载物。"那么在节日中间大家共同形成这种民族精神，年也就这样成了一个完整的交响曲，在我们的民族在我们的心灵中间一代又一代地畅响着。

中国的传统是回家过年，家是一个人最深刻的记忆符号，过年回家就是对自己的情感的梳理，是一次郑重的精神洗礼。然而随着我国城市化进程加剧，家庭旅馆化现象越来越严重，回家过年也面临着挑战。那么我们以后该去哪里过年呢？

现在我们很多人都说，年确实是美好的回忆。想起小时候过年的时候，激动得不得了，用南京话来说就是激动得一米多高。但是，现在我们常常缺少激动那份情感。社会发展中间，城镇化的水平和全球化趋势、信息化的发展密切联系在一起。有人统计，在1978年的时候我国的城市人口还不到20%，但是到现在接近50%了，到2020年前后，我国的城市人口很可能突破60%。那么大量的城市人口居住在这样一个新的文化空间，很多人说这年怎么搞的，怎么没味。味在什么地方啊，味其实就是传统。人们常常说找不到地方过年了，这还是家吗？这是家。钢筋水泥堆起来的房子一栋比一栋漂亮，但是常常出现这样一种情况，对门邻居住了十几年，一个单位的还好一些，刚买的商品房，却不知道谁是谁。我们民族对家有一个特殊的理解，把家作为一个整体，家和国是密切联系在一起的，没有国哪有家？是啊。家是什么呢？家不单单是自己的屋，住的地方。家还是什么呢？还是左邻右舍，叫家乡。关于这一点回家过年，是我们民族的这样一种特殊传统。

现在说飞机啊，火车啊，整天是乱忙，却还是运不完回家过年的。前一个时候我曾经提出来"建设民俗社区"。为什么呢？远亲不如近邻，大家互相照应。我们对家充满特殊的理解。比如我们平时见了老年人说，大爷你好。大爷是什么呢？是亲情延续。我叫一声大爷、大妈您好，请问这个路怎么走。老年人说，我哪来这个儿子？有这种感觉吗？但是没有这种感觉你也有这种感觉。为什么？叫你一声大爷，您不当那个爹也得当，尽管你们没有血缘关系。为什么呢？这是一种亲情的融合，是一种交融，人与人之间的沟通。我们问路，现在常常出现一些问题：先生如何如何，以往革命年代叫同志，怎么怎么，哪还有特殊的背景。今天这个先生，什么叫先生呢？小小孩儿攒了几个钱，打扮得那个样，老年人见着，老板怎么怎么着，理也不理，这是隔膜。

我们要通过过年让民族传统恢复起来。回家过年，有很多歌：我们的大中国，都是一个家，兄弟姐妹怎么怎么着。还有什么唱的常回家看看。常回家看看就是对家的一种什么，一种期待啊！孤独。那么如何摆脱这些？春节大家认识不认识，见了面都表示自己的祝福，表示自己的美好的心愿。事实上就像一首歌唱的，只要人人都献出一点爱，世界就会怎么样，变得非常美好。

过年是一种团圆，也是一种祝福，祝福的最重要的形式就是拜年。传统的拜年形式就是磕头作揖，而现在很多人用贺卡、可视电话、短信、网络等现代化的方式来拜年。那么,我们该如何看待传统的拜年方式呢?传统的拜年方式是不是过时了呢?

传统的拜年是有严格的秩序的。现在我们提出来什么,叫做磕头作揖。一说这个东西,很多人说这是封建迷信,其实错了。磕头作揖是年节中间非常重要的礼节。我们先说磕头。我们在原始时代的神庙遗址,我们在文物考察中可以发现有很多这样的神像,跪着的这样东西。跪礼是有非常重要的区别的,拜年的时候,晚辈给长辈磕头。磕头表示自己的虔诚的敬意,怎么磕都不为过,我们常常说神三鬼四。你不能乱磕,有人说"不逢年不逢节,哪里来个磕头鳖"。说不逢年节的时候,你来磕头,是对人的一种什么态度,这是一种。在年节的时候,只有晚辈才能向长辈去磕头,这是规矩,规矩就是秩序。这个秩序我们收回来干什么,磕头事实上是对天地的一种证明,就是说当你把双膝跪下的时候,事实上就是对前代祖先的一种理解,一种认同,前辈也就接待了。晚辈给长辈磕头,长辈有时候也拿一些碎银子:压岁钱。在座观众也有很多老年人,你们接受晚辈行礼的时候,高兴归高兴,钱要给一点,但是一分两分也可以,一块两块也可以,不要给得太多,不要让小孩子都变成张大郎。在秩序中间还有,比如磕头不能乱磕,同辈与同辈之间就不能磕,只有晚辈向长辈磕,而且还有什么呢?男儿膝下有黄金。作为一个热血男儿,上跪的是苍天,下跪的是大地,面对的可以跪自己的父母,跪自己的亲人。但是对于其他人,我们坚决不能跪,打死我也不能跪,于是这就成了民族气节的一段佳话。那么春节,晚辈给长辈去跪,这是天经地义的。这样的文化传统,它并不是封建迷信而是我们这个民族的一种礼仪程式。在某种程度上说,它是我们民族的文化遗产,我们现在把它称做非物质文化遗产。

作揖这很简洁,作揖也是有规矩的。作揖是同辈作,大家都可以作。作揖有小作揖有大作揖,有在胸前的:你好。有的行大礼的:你好!其实我觉得作揖比握手好得多。传统对于一个民族来说,它并不仅仅是道德秩序,而且是文化秩序,更是一种生活秩序。但是我们现在很多人说,年越过越没味,事实上在我们自己选择。不管钢筋水泥堆砌的建筑物把我们隔得有多远,但是只要人与人之间的心灵能够相通,我们左邻右舍,大家在过年的时候我们能不能聚集在一起?我们见着面不讲认识不认识,平时都在一栋楼里面住,我们点点头行不行?有机会我们也去把手抱起来致以新年祝福,如何如何。春节作为我们这个民族传统的节日,我们并不仅仅是去吃饺子,也并不仅仅是放那个炮,也并不仅仅去拜年,我们要让它丰富多彩起来。在世界各民族的文化交往中间,实际上文化的交流并不是完全平等的,它有着强势文化对于相对弱势文化的一种影响。像现在洋节在很大程度上就有这种意义。我们的祖先早就提到过的:礼失求诸野。我们的精神生活出现缺憾的时候,我们到哪里寻找呢?到最广大的人民群众中间去寻找。这个野是广阔的田野,是存在于千百万人民群众中间的我们这个民族最伟大的智慧和力量。我们每个人都有自己的责任,对于自己的子孙进行传统礼仪的教育,教会他们怎么过年。干什么呢?过年并不简单的是一个恢复传统礼仪实现民族文化的复兴。一个基本标志就是文化精神的复兴。文化精神如何体现,常常在民俗生活中间体现。现在全球化背景下,大家的交往,地球变成一个村落。我们和左邻右舍在交往中应该有我们自己的声音,我们延续着我们传统礼仪的同时实际上也在恢复着我们民族的自信心。我们常常觉得自己事事不如人的时候,有时候才去盲目地跟着别人跑。我们不排除其他民族的那种带有游戏色彩的节日,但我们自己的节日,我们不能淡化它。我们大家每一个人都应该自觉地去复兴我们这个民族的文化精神,一代一代,文化就不覆灭了。文化不覆灭,这个国家就像我们古代人所说的那样就有了自己的希望。

4

春节:中国对于世界的意义

——法国巴黎国际广播电台的采访录音

（法国国际广播电台2006年2月4日第一套节目。北京时间早上6:00至7:00）

各位听众,接下来请收听瑞迪主持的《妇女与家庭》。今天的题目是中国河南大学高有鹏教授论《春节:中国对于世界的意义——谈关于保护春节传统习俗的必要》。

各位听众,中国春节的传统习俗是否面对威胁,需要有意识地人为地去保护？中国民俗学者莫衷一是。在上周的专题节目时间里,我们为您采访了北京民俗专家刘锡诚先生。在今天的节目时间里,我们采访河南大学黄河文明与可持续发展研究中心主任高有鹏教授,请他同大家谈一谈他认为应当采取行动,保卫春节习俗的理由。

主持人:您好,高有鹏教授！最近呢,您在河南大学曾经做了一场演讲,报告的题目,就叫做《保卫春节宣言》。那是不是在您看来,中国传统的新年的习俗的确面临威胁？您指它在什么内容上具体受到哪些威胁呢？

高有鹏:春节对于中国人来说是一个极其重要的节日。在对春天的理解中,对年的理解中,对岁的理解中,我们形成了自己的审美方式、思维方式,包括我们的信仰方式,这是我们中国的、特殊的历史文化遗产。也就是说,春节对于中国人来说它不仅仅是现在时态的民俗生活,而且是非常重要的民族文化遗产,它是以记忆的形式保存了这个民族几乎全部的文化生活内容。

但是不能不承认,我们现在随着全球化态势的发展,特别是信息化,加快了人们生活的步伐,而中国正在从一个农耕文明的国家向现代化工业文明转变这样一个更为特殊的历史时刻。也就是说在这个时期,人们更多地倾向于对外来文明的广泛的接受,而自觉或者不自觉地抛弃了自己的节日,包括像更多的一些诸如春节中的十分重要的一些民俗生活内容。在无形之中,就形成了对自己的民族文化传统的一种记忆力的减退。

主持人:但是这个春节的习俗呢,也是中国农耕文化的一种产物;现在,您刚才也提到了,中国这个社会整个在向一个比较工业化的方向发展,这个发展本身是不是也注定了它这种农耕文化下的产物的其中一些内容、习俗的被抛弃呢?

高有鹏:它有一定的影响,但是这并不是绝对的。因为一个民族对自己的文化的传承是有选择的,有时候是一种社会的选择,而有时候更多的是一种历史的选择,当然在我们的民族文化的发展中间,发展它并不是简单地去接受外来文化,它还有对自己的传承的一种责任。

主持人:中国的这个春节有一个很特殊的地方就是它不像西方的圣诞,它呢,有特定的一天。中国的传统春节断断续续持续差不多有一个月的时间。您能不能在这个方面给我们做一个简单的介绍呢？

高有鹏：中国的春节是一个非常特殊的节日，它把以往的历史上的年、岁和春这三个方面糅合在一起了。把这个时间，也就是秦汉以来形成的这样一个特殊的文化形式……

主持人：您能不能具体地讲一下年、岁、春这三点是什么内容？

高有鹏：年，从我们的汉字的最早的起源上，我们从甲骨卜辞上可以看到，年，它上面是一个禾苗的禾，下面是一个人。我们的文字学家给它解释为：从禾，从人，年者，稔也。也就是丰收的意思。那么“歲”呢，也就是上面相当于一个止，下面相当于戚，就是斧头的意思，它的原意是把牛或者人的足砍掉去祭祀。岁就是祭祀。那么春呢，更是我们中华民族对生命的一个特殊的理解，在许多地方，春天成了一个民族的高禖崇拜、上巳节等这些习俗的特殊的阶段。我们的很多诗句都在赞扬春天，把春天和年作为一个整体去理解。我们的春节把年和岁融合在一起，是经过了长时期的历史选择而形成的一个固定的节日。中国的春节在一般的意义上（我们都是）从腊月二十三开始，这一天被称为小年，说“祭灶”，祭祀人们传说中间的灶神。又准备了一个星期的时间，到年三十人们就开始守岁，守岁就是说，在这一天中国老百姓非常敬重家庭的主神，在自己的正堂的位置上放置神龛，把天、地、神灵和自己的诸位祖先都请过来，这里面分主考、皇考、高考，又有自己的父母已故的灵魂，把他们请回到自己的家庭，让他们和自己一块儿来团圆，然后一块迎接一个新的春天的到来。初一这一天称为岁首，这一天人们相互拜年。然后到初二、初三，一直到正月十五每天都有一个活动的内容。

人们一般把初二说是外甥到舅家,就是舅权制的一种表现,去看望自己的外祖母、外祖父。然后到初三这一天呢,传说是新女婿上门的日子,就是刚结婚的青年夫妇要去看自己的岳丈、岳母,去表达自己的最崇高的敬意。到初四,人们亲戚邻里相互来往。然后到初五,人们称为"破五",说这一天年的高潮就算结束了,人们要回归农耕的这种生活了。破五这一天呢,事实上人们确认一下五行。中国人把世界划分为五种物质:金、木、水、火、土。说在这一天呢,金、木、水、火、土完成了自己的运行方式,人们来庆贺这样一个时辰。然后一直到了正月十五,被称为是元宵节,也称为上元节,人们就挑起了各种各样的灯盏,各家各户门前挂起来五彩缤纷的灯笼,人们在欢庆,然后唱歌、跳舞,还有耍龙灯,做着非常丰富的这种民俗游戏。然后呢,宣告年结束了。

主持人:但是这个元宵节的起源是不是也有一些宗教因素呢?

高有鹏:它更多是人们的一种祓禊,我们中华民族对于天地神灵的敬祀又分水禊和火禊。所谓的水禊就像泼水节那样,就是用水去洗除那些不干净的东西,去换来一个新春。所谓的火禊呢,就是把旧东西烧掉去迎来一个新的春天,火禊就变成了灯笼。灯笼不能一直放,民间灯笼要烧掉的。烧掉了以后,人们觉得会迎来一个更新的春天,那么万物复苏、百草萌动,所有的生命都在这里顺利地开始了新的阶段。

主持人:那么您呢提到,就是要保卫春节的民俗的问题,中国的各种民间习俗都经历了"破四旧、反封建"的阶段,那么现在这个意识呢还是存在于整个社会的潜意识中,那你觉得这种潜意识是不是对维护春节习俗也会产生一定的阻碍作用呢?

高有鹏:我们的祖先有句对于文化发展规律的总结,叫做“礼失求诸野”,也就是说当精神文明出现缺失的时候要向最广大的人民大众中间去寻找。春节呢,是千百万人民最为虔诚的信奉的一个节日。我们今天随着社会发展的特别是全球化的这种大趋势,多个民族文化共融为一体,这个一体就是现代文明。在这个时刻呢,每一个民族都有对自己文化的捍卫的权利和传承的权利,而现在呢,我们不得不承认,春节正被越来越多的人所淡忘。特别是年轻人,他们热衷于过圣诞节。中国的年轻人过圣诞节没有什么不好的,但是有责任要过好自己的节日。我们保卫春节也就是说要告诫人们不要忘记了自己的民族文化遗产,这种遗产是有着非常特殊的价值和意义的。

主持人:这个民俗本身也就是一个民间的民众的社会生活的一个习惯问题,把它变成一种有意识的行为,是不是本身也有点有违……这个自然规律呢?这对于世界有什么样的意义呢?

高有鹏:不一定这样理解。现代文明和民俗节日它并不是完全相悖的。我们可以看到文化在发展中间人们都在寻找自己的精神家园,而自己的精神家园的标志事实上就是民俗。民俗是一个民族的文化的底色,那么现代文明发展得越发达,事实上人们对自己的精神家园也就是对民俗的守护程度会越高,最重要的是守护他的精神,是对他自己的文化尊严的一种捍卫。民族节日并不是简单的一种符号,而是代表了这个民族的情感的、价值的、多种内容的一种聚合体。

作为春节而言,中国对于世界的意义,在实质上其实就是狂欢构建和谐。世界没有中国的安定与和谐,将是一个不可想象的惨剧;同样,中国需要世界的繁荣,共同的发展,走向全面的繁荣发展,而首先是和谐。

主持人:谢谢您的精彩演讲。

各位听众,在今天的专题节目时间里,我们请河南大学黄河文明与可持续发展研究中心的主任高有鹏教授,介绍了他认为应当采取措施保卫春节习俗的立场。不久前,中国政府文化部公布了一项中国口头和非物质文化遗产保护的名单,春节就是其中的一项内容。中国春节的传统习俗的淡化并不只是西方文化冲击的结果,20 世纪中叶,“破四旧、反封建”的政治运动使传统民俗的自然延续进程遭到了破坏,但是如今是否应当再以政府的行为来加以恢复则值得三思。各位听众,本次节目由瑞迪裁播,感谢各位收听,下次节目再会。

5

春节与传统文化

——答《光明日报》记者问

2006 年 1 月 27 日《光明日报》编者按：不久前，著名民俗学家、河南大学特聘教授高有鹏发表了《保卫春节宣言》，提出要保护春节等民俗节日和传统文化，引起了广泛的关注和反响。

中国的传统文化如何继承和发展一直是我们面临的一个不可回避的问题。正值 2006 年春节前夕，记者就春节等民族民间文化面临的问题，就如何保护中国的传统文化采访了高有鹏教授。

记者：为什么要提出“保卫春节”这样一个命题，每年人们不都把春节当成最重要的节日过吗？

高有鹏：保卫，是因为有了危机。尽管春节年年都过，但春节所包含的那种文化韵味正被人们慢慢地淡忘。其实，中国的许多传统节日都存在着被淡化、被遗忘的危机。首先，这是因为我们的生活方式在迅速改变，从传统的农耕文明转向现代工业文明,尤其是在全球化、信息化的大趋势下,各种文化形态都在改变着人们的行为和心态。其次,也是一个最为直接的原因,就是作为中国百姓日常生活内容之一的民俗,正被西方文化所冲击,现在越来越多的人,特别是青年人,来不及细细咀嚼品味春节文化内涵,而是更喜欢西方文化背景下的圣诞节、情人节等那种游戏性的狂欢。还有,我们的城镇化正在加快,环境规划的专家们只注重对物的关注,在城市规划设计上更多的是追求技术和实用主义,这也使城市的民俗存在越来越淡化。民俗是一个民族的文化底色和民族记忆,如果不断被淡化、被淡忘,久而久之就是文化的严重流失。在某种意义上讲,文化包括民俗在内,不仅是一个民族的传统,而且是一种尊严,是一个民族在精神层面上的具体标志。所以,当它被外来文化冲击的时候,我们就不能仅仅感叹,而且要看到它已经使一个民族的文化安全面临了危机。在这种背景下,我在我的学生中做了"保卫春节"这样一个演讲,呼吁更多的人重视民俗,特别是春节,珍惜我们中华民族的文化遗产,维护我们中华民族的文化尊严。也就是说,在面向世界的发展中,在实现中华民族的伟大复兴中,我们首先要理解、懂得自己的历史和传统,我们不能数典忘祖。现在,越来越多的人感慨年越过越没有味儿,久而久之,这种味儿越来越淡,淡到被人忘记时,它还会真正存在吗?这种危机应该引起我们的警惕。

记者:你提到"民族文化安全",什么叫文化安全?春节的保护涉及我们的文化安全吗?

高有鹏:文化安全说到底就是保障文化资源、文化权利的不受损伤。过去,我们反封建迷信,把包括春节在内的许多民俗都作为封建迷信反掉了,以致新的文化传统没有形成,而旧有的文化传统都被当做腐朽的东西抛弃了,形成了令人无所适从的局面,这是造成春节等民俗越来越淡化的原因之一。我们如果没有了包括春节在内的民俗文化,就意味着在文化发展中被淘汰。我这样讲既不是危言耸听,也不是在倡导民俗救国,而是希望人们珍惜自己的文化传统,在现代化的建设中,不要被别人化掉。西方文明有它的魅力,我们当然可以接受,但是,我们更应该坚守我们的文化传统和文化尊严!春节的意义是无比丰富的,但是,现在越来越多的人不了解它,甚至不尊重它。应该说,这是一个基本立场问题。什么立场?价值立场,审美立场,文化立场。我们应该呵护它,因为这是我们中华民族的精神家园,是民族文化的根。我们的祖先强调,礼失求诸野,野是什么?是四面八方的民间社会,这才是文化发展的重要源泉。

记者:有人提出春节需要的不是保护,而是创新。你怎么看这个问题?

高有鹏:春节是我们中华民族的伟大节日,面对日新月异的社会变化,它确实需要创新。但是,我们不要忘记,任何创新都不是无端的,而是在继承的基础上对自身的清理和发展。我们创新,在哪里创新?是改变自己,皈依他人的文化吗?所以对传统文化来说,仅从字面上理解“创新”两个字远远不够。当然,我们的春节也是在历史发展中形成的,而且,在历史上,年、岁、春,这三个概念曾经互不相联。比如年,是丰收的意思;岁,是牺牲、祭祀的意思;春,是百草得阳气而生的意思。它们如何联结成了一个整体?这里既有历法在社会实践中被不断完善的因素,又有社会选择、文化选择和生命选择的因素,特别是信仰的因素,包括自然崇拜、灵魂崇拜、祖先崇拜。所有这一切造就了春节这样一个中华民族几千年来都信奉的节日。我们甚至可以说,春节是我们的驿站,更是我们的百科全书。所以创新是有条件的,是在记忆、继承的基础上的发展。记忆,是精神层面上的东西,这就像联合国教科文组织前总干事马约尔在《文化与遗产》“导言”中所说,记忆对于一个民族的创造和发展都是极其重要的,不论是有形的还是无形的遗产,人们都能在这里找到灵感和智慧的源泉。现在,全世界都在进行着意义非凡的口头和非物质民族文化遗产的抢救和保护运动,抢救和保护的目的是什么?就是恢复一个民族对自己的记忆,树立一个民族的自尊心、自信心。我们中华民族自古就是一个善于创造的民族,四大发明是创造,春节也是创造——这是我们异常神圣的文化遗产。我们创新,是为了使这个节日更加丰富多彩,而不是消解它。

记者:我们经常可以听到、看到“创新”这两个字,你是否认为人们对“创新”存在误解?

高有鹏:对于创新,我们更多的是指技术创新,忽略了文化创新。其实这两者同样需要,缺一不可。如何创新?离不开继承。如何继承?需要认同和记忆。民族认同在文化发展中有着不可替代的意义。人与人之间为何缺少广泛的联系和沟通?情感缺失是一个重要因素,所以,我们应该在发展中寻求健康、和谐的情感,通过春节,大家相互拜年,表达美好的祝愿,既温暖了别人,也丰富了自己。而我们对春节的创新,应该在年的形式上和内容上融入更多美好的事物,而当你不知道年的价值和意义时,又如何去创新?

其实春节与今天的社会完全不矛盾,祭灶、点蜡烛、贴春联、包饺子、放鞭炮、祭祀祖先、相互问候、致以祝福、敬老爱幼,这与建设和谐社会是相通的。我们应该珍惜这份文化资源,让它成为温暖世界的暖流。“保卫春节”是为了民俗生态的修复、建设和发展。

记者:去年,韩国的“江陵端午祭”被联合国教科文组织正式确定为“人类口头及无形遗产”,你怎么看这件事,你提出“保卫春节”是否和此事有关?

高有鹏:这既是中国文化的光荣,也是我们这一代人的尴尬。为什么呢?我们知道,端午在更为古老的历史中,是我们中华民族的节日,人们在这个节日中相互送艾草、雄黄酒、粽子、糖糕,缠上红丝线,至今在中国民间还有许多遗迹,很多地方端午节都要划龙舟,过得有声有色。但是,我们不能不承认,韩国人在保护方面比我们做得好,他们在上世纪五六十年代就有了重要举措,这一次他们申遗成功了,我们应该高兴——中国传统文化走向世界,是值得高兴的事情,尽管端午祭和端午节并不是一个概念。端午祭也好,端午节也好,都是东方文化的经典,不能说被他人保护就成了我们的耻辱,而是我们自己要做得更好。当然,文化资源在文化发源地理应更受珍重。这也使我们意识到,我们的节日文化在发展中出现了一些问题。就像我们的春节,表面上看起来很热闹,南来北往的人群熙熙攘攘,都在赶着回家过年,但是不能不承认,很多人过春节是一种应付,是一种随波逐流。所以说,保卫春节,是呼吁人们静下心来,认认真真地过年,恢复传统礼仪就是其中的重要内容。春节是一种形式,更是我们民族文化精神的载体;过好春节,绝不仅仅是吃一顿团圆饭,它是一个完整的民俗生态的修复、建设和发展。

记者:你提出“保卫春节”,是否也是要恢复对民族文化的自信呢?

高有鹏:对民族文化的不自信在近代中国表现得尤为突出,当我们的美梦被洋人的坚船利炮打破的时候,我们的耻辱与日俱增,感到事事不如人。在这种背景下,古训中的上善若水、厚德载物、自强不息等等,在“洋”文化面前就显得异常苍白无力了。今天,社会的发展有了很大的不同,但是,这种不自信的心态仍然没有消失。我们看到,不仅仅是春节,几乎所有的民俗传统都被我们忘掉了,被当做封建文化垃圾扔掉了。同样,这也是全世界共同存在的一个问题。所以,联合国教科文组织提出了对口头和非物质遗产进行抢救和保护,我认为中国在这方面责任尤其重大,因为我们是五千年文明古国,我们的文化资源尤其丰富,如果我们不重视对包括春节在内的民间文化给予足够的保护,那么,整个人类的文化就会受到相当大的损失。同理,我们做得好,人类的文化就会受益很大。在这方面,韩国人是我们学习的榜样,他们保护的端午祭受到了全世界的认可,理所当然应该受到我们尊重。我非常欣慰地看到,文化部刚刚公布了我国口头和非物质遗产保护目录,春节是在“民俗”类保护名录中。我提出“保卫春节”,有人说用不着保护,我所强调的是以保卫春节为契机,对民俗整体保护,包括那些被我们误读的内容。

记者:关于春节,或者说中国的传统文化,你最想向人们传达的是什么信息?

高有鹏:保卫,并不是简单地回归,而是珍重它,在日常生活中去保护它。我曾经多次强调,以民俗、民间文学、民间艺术为主体的民间文化是整个民族文化的底色。有一些人以此为鄙，其实是一种无知。懂得了我们民族文化的丰富多彩，才会真正地去爱我们这个民族和我们这个国家，才懂得什么叫做伟大。这是民族自信心的基石，不是厚古薄今，也不是盲目排外，而是知己知彼，是全面而准确地看待世界。一个民族靠什么去凝聚？靠武力行吗？不行，还是要靠文化。文化不是万能的，但它确实可以通过交流、传播，获得更广泛的认同和理解。和平与发展是世界的主题，在我们的传统文化中有着关于这个命题的许多论据。我们继承文化传统，是为了发展文化；我们尊重其他民族的文化，提倡文化的多元共存，但是任何时候也不能忘却我们自己的身份。

我尤其要强调的是，文化是一个整体。在文化发展中，不同阶层的文化，不同时代和地域的文化，共同构成民族文化的主体。精英文化有自己的独特价值，而大众文化同样有自己的价值。特别是民俗，它还有许多价值和意义没有为我们所理解。

6

保卫春节是保住中国人文化尊严和身份认同

——《新周刊》访谈录①

著名民俗学家高有鹏担任着河南大学黄河文明与可持续发展研究中心副主任一职,2005 年圣诞节前夕,他在河南大学举办了一场以“保卫春节宣言”为题的报告会,在社会上引起了一场广泛的讨论。就此,《新周刊》记者对高有鹏教授进行专访。

《新周刊》:除去春节,中国还有中和节、上巳节、天贶节等传统节日,即便在西方节日进入中国之前,它们也不为人所知。问题出在哪里?

高有鹏:你刚才说的那些算是中国最重要的传统节日,总数大约有 20 多个。如果把大大小小的节日加在一起,足足有 300 多个,连 24 节气也算节日。但的确,几乎没人知道它们的存在。应该说,传统节日一旦成为文化的符号系统,它就具备了特殊的节日功能,可以支撑它在一定阶段内的发展。

---

① 原作见 2006 年 1 月 17 日《新周刊》,采访记者胡尧熙。

造成它们弱势局面的原因很多,我认为最重要的一点是,近100年来,中国经历了从农耕社会到工业社会的转型,中国人的精神状态变得更加物质化。传统节日注重的“精神宣泄”的功能显得不再那么重要了,人们对它们感觉也很难像以前那么强烈了,而国外节日在这个时候以商业经济的形态挤了进来,很容易就能抢占空缺。现在,中国的所有节日都变成假日了,随便怎么搞都行,没一点文化。

《新周刊》:有观点认为,这是社会发展的必然结果。中国影响世界,世界也改变中国,传统节日是在和外来文化的公平竞争中落后的。

高有鹏:这个说法肯定不成立。首先强调一点,我不认为所有过圣诞节的中国人都是盲目和崇洋媚外的,追求新鲜本来就是人的天性,过度地保护传统会有负面作用。但民俗和传统不是单纯的文化形态,而是系统,这套系统维系的是民族历史和文化记忆。举个例子,我在一栋楼里住了几年,但还不知道我的邻居叫什么。这就是因为我和他身上都少了一些应有的传统和习俗,让我们之间缺乏价值观的共鸣和文化认同,所以互不来往。春节的意义就在于它为所有中国人提供一个机会,让一帮人聚在一起体验中国的文化内涵和民族意识,拉近彼此的距离。而圣诞节是不在中国的文化体系内的,你不可能在那里面找到归属感,闹腾过后,人和人之间的关系依旧是松散和冷淡的。在任何一个国家,本国节日肯定是最受重视的,只有中国的传统节日在全球化的负面影响下越来越衰败,这绝对不是社会发展的必然结果。

《新周刊》:过什么节对于普通人是自由选择,必须要用“保卫”来要求他们选择传统节日吗?

高有鹏:我在《宣言》里说:“欲灭其国,先毁其史。”可能有人觉得大题小作,说得过了,但我觉得这并不是危言耸听,而是我们的文化发展遇到了问题。保护春节只是一个契机,真要保住的是中国人的文化尊严和身份认同。你可以想象一下,某一天所有的中国人都跑去过洋节了,没人理春节,如果真到那时候,估计我们的文化就散架了。

《新周刊》:同样的背景下,日本和韩国对本国传统的保护却做得很好。你怎么看?

高有鹏:日本和韩国的国民已过了冲动和浮躁期,中国人还处在不冷静、不理智的阶段,自信心不足,对本国文化的价值没有正确估计。所以申报“端午祭”为世界文化遗产的会是韩国人。

《新周刊》:抛开文化的因素,你认为人们还有可能重新对春节产生兴趣吗?

高有鹏:对春节的再开发将是一个很长的过程。国外节日,比如圣诞节,它充满了仪式感,有圣诞树、圣诞帽、唱诗班这样的符号让它能迅速地感染人。中国的传统节日没有足够的道具和符号,所以过春节的人群基本上已经断档了。目前要恢复中国人关于春节的记忆,是个很大的难题。

7

建设和谐的文化廊坊

——关于“春节与文化”的演讲

女士们先生们上午好，今天我非常有幸来到廊坊为大家讲“春节与文化”。

春节作为民间文化一个特殊符号，我们在背后看到的是更为广阔的时代，千百年来我们的民间文化常常成为一个特殊的景观。在我们的历史上有三个人物，成为中国文化的三种主要类型。

一个是老子，老子之所以称为老子，并不是因为他姓“老”，而是一种传说。传说老子出生时头发都白了，所以起名为“老子”。老子之所以称为老子是因为老子研究的范围非常广泛，他所讲的是极其浩瀚的东西。老子讲究天地之道，研究整个世界发展的规律，老子称之为“道”。在中国文化长廊里，研究天地万物发展变化、心胸与视野都极其宽阔的圣贤是老子。

与老子相对的是孙子，老子从伦理上来讲是辈分最长的人，孙子是辈分最小的人，老子在文化发展中间讲宇宙的宽阔，讲得极其大。孙子讲究小，小到极点。孙子主张“知己知彼，百战不殆”,孙子还讲究变化多端,归结为“兵不厌诈”如何如何。这样研究系统的东西研究世界发展规律的学者,我们称之为孙子。孙子考虑到极小的,老子考虑到极大的,中国文化的两个极端非常明显。老子的“老”是对世界极其广阔的概括,孙子的“小”是对整个世界的洞察秋毫,从细微之处发现世界的特点、规律,一老一小构成了世界的两个体系。

仅仅这样还不够,在老子和孙子中间出了一个孔子。孔子把世界概括为另外一个客观概念,孔子思想最核心的思想是“仁”,即人与人之间要和谐,老与小之间要和谐,就是“仁义礼智信”。中国文化对老子也有所考虑,对孙子也有所考虑,我们更多沿袭以孔子为典型的思想,中国文化形成自己鲜明的特色。我们今天可以看到孔学在世界范围的重要影响,世界各地都受到孔子学说的影响。我们有老子、孙子学院吗?很多,但最重要的还是孔子学院。孔子为何能形成这样特殊的影响?是中国传统文化的选择,是对于世界的和谐的把握。老子太大了,像辽阔苍天可望而不可即;孙子太小了,太过务实心胸会变得越来越狭隘。孔子一生在追求真理追求道义,取得了理论与实践的统一。我们的民族在理论与实践上有一个重要的选择,选择了以“仁”为代表的中国文化伦理,真正的文化伦理作为理念作为一种思维方式构成一种特殊的中国文化秩序。

西方文化和中国文化不同,西方文化把世界归于两个神,一个是太阳神,一个是酒神。酒神喝醉了之后如痴如醉如迷,干什么都是合理的,酒神产生了艺术,艺术的文化可以无拘无束。太阳神源于太阳,每天清晨阿波罗驾着太阳神车从遥远的东方到西方,日复一日年复一年,构成了人的一生的实践过程。中西文化的不同尤其明显。中国文化在传统意义上来讲有三个重要人物,确实并不仅仅是偶然现象,在某种程度上是非常有趣的现象,是民族对自身文化的锻炼。老子讲得极其浩瀚无边,孙子考虑得极其细微。我们对孔子给予一个特殊的选择,这就是我们常常讲的中庸,“君子中庸也,小人反中庸”,中庸在今天就是我们现在所讲的和谐。“庸”的概念是城墙下面的排水洞,门窗也叫庸,即透气的地方。城池在古代是个重要的标志,标志着地区政权的存在状况,城池要把循环系统建设好,非常重要的是必须要把下水道建设好,城市再繁华、再充满生机,一下雨就堵也是不行的。中庸的观念是把下水道通开,要动员整个世界给予一个合理的选择,不单单让你积聚很多财富,也要让你有所把握、有所宣泄。

春节在某种程度上来说是文化的中庸,是文化的和谐,春节是一个过程,以往我们提到春节都知道春节是一个节日,事实上这是一个误会。春节是一个过程,春节在某种程度上来说与“年”在称谓上有一个漫长的整合过程,把春节作为“年”是近代的事情。

在相当早的时期,传说黄帝时代——我们以往不承认黄帝时代,现在很多考古证明黄帝时代是真实存在的;司马迁在《史记》中讲到黄帝时代的故事都是传说,不确定有这样一个时代存在——“年”有一个记事方式,不叫“年”叫“节”,每到那时人们都拿彩旗跳跃。

到尧舜时代“年”叫“载”。繁体“載”的文字构形,这面是一辆战车,另一面是一个“戈”;载作为一个动的行为,还是一个接力的表现。尧舜时期要统一,主要的战争工具是车。“戈”是手中的一种武器,是向对方进攻。戈还是我,是王权的标志,“我”是一个人举着战斗的旗帜。中国文化形成了特殊的阐释系统。“载”是打一次仗,胜利了,或者是丰收了,许许多多的喜事被整合起来,于是高高兴兴载歌载舞,黄帝时期和尧舜时期对“年”是作为庆贺丰收、庆贺胜利行为的概括。

历史不断赋予春节新的内涵。在夏商周时代,夏大禹治水非常有名,在夏朝“年”被赋予另外一个特色。在夏代年叫做“岁”,这是对于世界的沟通,岁是胜利的标志。我们来看一下繁体的“歲”,上面是一个止,是武器的意思,下面中间是王权的标志,两边是四方的标志,是对世界的沟通,右面是个戈。岁把载的形象更具体化了。

黄帝时代年叫“节”,尧舜时期年叫“载”,夏朝时期年叫“岁”,这是对中国文化的整合,是用自己王权的思想去整合了世界。大禹用自己的道德品质去感染这个时代,大禹治水是国家发展非常特殊的时期,国家话语权利与国防力量的结合更加具体化。“歲”中的“戈”包括祭祀的意思,“国之大事在祀与戎”,即一方面是物质文明,另一方面在于把国防军事建设好。所以夏朝把年叫“岁”。我们说华夏如何,华是黄帝时代,夏禹是大禹时代,普天之下如何如何,到处都是大禹治水的功劳。在大禹时期过年并不像现在是腊月,那时选择过年是在六月,六月初一前后过年。很多节日都有它的背景,那时候麦子丰收了,大家入场了,这时才有这个特殊的年节,换为岁的标志。在今天还有六月初一过小年的民俗。夏禹时代这种方式对今天仍有非常深刻的影响,我们所说“毛主席万岁”中的“万岁”,就含着年节是永远的,永远是丰收的,永远是像节日那样的意思。

商朝把年叫做“祀”。殷商时期殷人好鬼,普遍的现象是人人信奉神灵,帝出去要征战一方或打猎或做什么事情,大家会找一个龟壳,用烧红的东西扎,扎完之后看裂纹的形状、单双数,以此判断是否适宜打仗或做什么。殷商时期海龟变成大家崇拜的神灵,在龟壳上占卜成为人们对事物判断的一种方式。天神在殷商时期叫天帝,帝有自己的特殊的范围,天更明确地与人间相对。在殷商时期殷人祀鬼,他们把一年分成十个月,过年相当于现在秋收后的麦场时期,过年时拜祀祖先与此有联系。选择祀是因为辰巳,太阳正中是午,太阳照在人间是太阳最亮的时候,在此之前大家都去欢呼,迎接天神对大地的光照,迎接苍天对大地的恩典,仍然是一种庆贺。传说、戏曲上有庆典都要在午时之前完成,即在10点到11点完成。过去杀人也是天过午时开斩。商时期把年叫做“祀”是对祖先的尊敬,对天神的尊敬。

周曰“年”,年是“稔”,“稔”的原意是谷穗麦穗非常饱满非常成熟,也是庆贺丰收。民以食为天,要生存是第一的;色是精神文明的建设,今天一个人对漂亮女性的爱叫色是我们的曲解。五光十色、绚丽多彩,人对美的追求是人不断进步的动力。食和色是两个层次,食是生存,色是发展。周朝把“年”和丰收讲在一起,一直延续到今天。为何今天延续了“年”?这是周王朝对中华民族特有的贡献。周朝文化思想成了影响中华民族发展的重要文化典型。在文化交流问题上,周这个民族具有特殊的意义。周的中国文化建设是从哪来的呢?是周王朝之前中国文化的合理整合。孔子曾说,中国文化多么灿烂多么辉煌,浩如烟海,这样丰富,我对周王朝的文化有着特殊的情感,我要遵循周文化。周这个王朝的民族历经艰辛,和其他民族一样这并不是其唯一的特点。其注重对四方贤士的接纳。周是中华民族文化第一次重要整合,孔子把周作为自己的文化理想。我们对传统中国文化的理解常常受其他因素的干扰,我们讲的传统中国文化尤其讲到“克己复礼”,历史的真实是礼为中国文化提供了重要端点,是中国文化的开始。

在周文化理念中我们可以看到“仁、义、礼、智、信”。

“仁”是人与人之间相互和谐、相互帮助、相互支持,人帮助人是君子,君子成人之美。建设和谐社会对“仁”有新的理解,“仁”在中国文化传统中是重要的符号,表示人与人之间和谐相处,世界才能更好地稳定,世界知识才能更有效地为人服务而发展。“仁”就是善,乐于助人,美化自己也要美化他人,共同帮助共同发展,“己所不欲,勿施于人”。

“义”就是奉献,我们可以看到“仁义之师,战无不胜”。义最典型的意义就是奉献,义在古代就是牺牲,自己舍弃个人利益为集体为他人献出自己应该得到的东西,事事处处为他人着想为他人服务。义是人的信念,构成一个时代的特征,一个精神系统。共产党人所说的“全心全意为人民服务”堪称义。

“礼”是非礼勿听非礼勿视。我们看一下繁体字的“禮”,曲是盛酒的玉器,豆是祭祀天神的器皿。我们中华民族的特色在礼,一个人要文明礼貌,是对大家共同遵循的仪式的遵守。握手、拥抱是中国文化的进步,我们中国古代的礼在广泛的意义上。世界上更多的民族对我们的礼仪会有特殊的认可,我们会握拳示意,我们举的是中国文化的精神,拳头表示天地之间的一种中和,把天和地拉开,天是神居住的地方,地上是人居住的地方,地下是鬼居住的地方。天地人鬼由谁来沟通?百姓是黎,人们攥紧拳头跳舞,包含了一种文化秩序。现在我们拜年时还会握拳,表示以心相待。握手是为什么?握手是为了看对方手中有无兵器有无暗器。周王朝对于中国文化方面的整合成为我们今天文化的主流,中国文化的主流"礼",在某种程度上成了文明的重要标志。

"智"是崇尚聪明是智慧,最能体现人与人之间和谐的关系,最能发挥个人的主动性,最适合自然状况的行为。人的聪明智慧在某种程度上影响着人的前途和命运。生意的"生"是生生不息的意思,"意"是心思,生意是做商业要动脑筋才能赚钱。

"信"是诚实。"君子一言驷马难追",一个人要讲究诚信,才能够赢得社会对你的尊重,人们在交往中根据你对诚的信守程度来判断能否与你交往。

"仁、义、礼、智、信"是周文化主体思想,加以其他意识影响,成为我们民族宝贵的文化思想。

我们讲过年从这里讲起,是因为春节是整个民族文化的整合,在每个行为里面都是文化支撑着符号系统的运行,都有文化做合理阐释。图画的每个线条都是中国文化,每个齿轮每个螺丝都是由中国文化组装成的,文化是春节运行的基本动力,我们与其说是在过春节在过年,不如说是我们在享受一个民族特殊的文化传统。在文化发展中间,春节不断发生变化,名字、概念、实际都在发生变化。春节作为"年"的重要核心,是对春天的向往。春天是生命的季节,我们从古诗上可以看到"春江水暖鸭先知",可以看到对春天的祝贺;我们民族对春的向往是对年的向往,表示了对希望的表达。在春节来临之前我们说"拜年",年如何过?要拜。

年是一个过程,年的每个程序都是由文化组成的,在年中间我们可以看到这样一个现象:一过腊月就开始准备年货,不同的民族对于自己的节日有不同的释述方式,也有自己不同的叙事表达方式,最重要的是意识。一进入春节的时候,男女老少要置办新装,这是一种精神状态。农村一到腊月,腊月之前结婚要"看好",赵树理小说《小二黑结婚》中的半仙说"今日是个好",是黄道吉日,我们的祖先认为我们的一切都是天地在支配,到处都有神灵在影响我们的命运,我们尊重天地才能得到好,有礼遇,才能得到好的前程。于是"拜"就有特殊的意义。在平时选择一种形式的时候,什么时候结婚、出行都要"看好","看好"是一种文化选择,选择最恰当的时间、空间,选择最恰当的行为、方式,到腊月之后一切选择都是非常自然的,想在哪天结婚就在哪天结婚,这是民间的"进入腊月一切都是好"。

年是从腊八开始的,腊八是中国文化的一种特色,腊八粥在更广泛的意义上还是对天地的尊重,腊是祭祀的意思,都是对神灵的祭祀。我们现在的文明程度很高,老鼠对于民间的意义尤其特殊,原来人们认为老鼠是苍天的使者。天地是谁帮助打开的呢?传说是老鼠,当时的混沌世界是老鼠咬破苍天,因此大地才有了光明,老鼠咬破天上的粮食,地上才长出粮食。我们感谢老鼠对于人的功绩,它吃人类的东西人类不能有埋怨,对鼠神有敬意。湖南、河南、河北把老鼠叫做"高客",客是苍天的使者,过年时人们见到老鼠要叫"高客",老鼠是语言禁忌,在某种程度上这是中国文化遗产。老鼠是土地神是丰收神,在这种意义上年要一律"高客"。从腊月初八开始,大家准备年货,置办祭品是祭祀天神祭祀祖先的。中国文化的长河川流不息,孔子在川上曰“逝者如斯夫”。中国文化成了我们身上特有的意识,我们的意识是祭拜;神灵世界所有的价值在民间进入运行方式,就是对天地对于人与人之间关系的调试、整合:理顺靠秩序,秩序靠意识。

今天是腊月二十三,要祭祀灶神。腊月二十三祭灶,在今天我来讲春节文化,我很荣幸。廊坊是中国文化的长廊,我们今天讲春节,作为一种文化有着更为特殊的意义。

在中国文化的长河中讲“二十三”这个中国文化通道,很有意义。

二十三是小年,在腊月过年时,许多地方腊八敲鼓吸引民众,这是春天的战鼓,是春天的号角,和人的希望一样,在春天要滚滚涌动。腊八鼓在腊月二十三慢慢地静下来,过年前敲鼓是年节中间一个特殊的期望表达;腊月二十三敲鼓变成放炮,是对古时战争的记忆,是对后来丰收的庆祝,所以腊月二十三鼓声停下来,隆隆的炮声响了。

腊月二十三要吃麻糖。小年祭祀的是灶神,灶神在各地有不同的传说。安徽、湖北和河南等地方流传着一个叫《郭丁香》的民间叙事诗,说后来张大郎无地自容,看看天上有天神床上有床神屋里有宅神,一头钻到灶坑里,天神封他为灶神。这是民间百姓对自己节日的解释。腊月二十三这天作为灶神对他进行祭祀,倒不如说我们更为尊敬的是郭丁香这位伟大的女性,是我们对母亲的感动,腊月二十三是中国最伟大的母亲节。在节日的背后我们的阐释是有道理的,郭丁香作为灶神奶奶把全部的美丽全部的苦难集中在自己身上,体现了最伟大最崇高的品质。灶神的地位很高,腊月二十三日去初一五更回,称其为一家之主;张大郎被封为灶神。民以食为天,人们每天要祭祀灶神。灶神把人们真实的情况向天神报告,每家的灶神去向天神报告这个家庭应当贫穷还是应当富贵。腊月二十三灶神骑着公鸡向天神报告,人们怕他说自己家不好,就把糖瓜儿抹在他嘴上,用黏糖粘住他的嘴让他不能说话只能笑。老天爷看灶爷去了之后都笑嘻嘻的非常甜蜜,所以就不降什么灾难了。灶神"初一五更回",即新年和旧年交替时在千家万户的爆炸声中回来,保佑居家平安。人们述说自己的向往,表达自己的信念。

初一"守岁",就是夏人把年曰"岁",在夏王朝岁岁平安,我们守岁守护的就是美丽的品德、坚强的意志和民族的文化精神。周朝把我们民族的文化精神概括为君子应自强不息,君子以厚德载物。我们要勤奋努力,勇敢克服困难,向困难宣战,赢得民族的独立赢得自己的富强,这是一个过程。在这个过程中间我们更重要的是有意志和品质,这叫厚德载物;得天地者得人心,得人心者得天下。民族文化的发展规律,表现在文化发展中即礼失求诸野,充满活力,生生不息;在行进中间守护的是千家万户共同的理想。中央电视台春节晚会成为千家万户非常喜爱的节目,但人们有越来越高的要求,越来越不满意,期待着更好。春节晚会一年比一年办得好,但民众对节日的要求对生活质量要求更高,越来越高地有一种文化期盼,中央电视台整合的是整个民族的意识。

春节要守岁,为这个意识增添丰富多彩的内容,这些内容成了守岁的一个方面。我们很多人都说年过得越来越没有意思,年味越来越少,很多人认为不让放炮没有年的意味。我们的生活是丰富多彩的,我们民族的文化也应当是丰富多彩的,我们延续几千年的习俗与我们的现代文明并不矛盾:我们在飞机上看到一片蔚蓝的天空,听到一阵轰鸣,这并不影响我们对自己民族的文化的守护。

大年初一家家户户张灯结彩,贴对联是对春节的向往,从开始敲鼓到张贴年画。这曾经是家家户户喜爱的彩贴,门神、灶神、天地全神及各种喜庆如五子登科、五谷丰登,年画成了人们的美好向往,用彩贴的方式张贴起来。于是就有了我们民族"年"丰富多彩的意义,大年三十人们尽情表达自己的意愿,家家户户的鞭炮声声震响,表达对春天的向往对新生命的追求,表达我们这个民族热爱生活、崇尚美丽、坚持奋斗的品行。春节是对民族的文化财富的张扬,人们每天都在循环着民族的文化传统。

大年初一要拜年,儿孙表达对亲人的感激。春节也是中华民族最伟大的感恩节。压岁钱给的是民族的文化传统,给孩子的是财富,孩子要知道年是丰收,丰收就是自己的财富就是自己的精神,守护自己的精神和守护自己的财富同样重要;要接受要传承,一个民族走向富足是相对容易的,但要走向富强是非常艰难的。美国社会曾经以充足的财富向世界宣告,但欧洲国家仍然看不起这样一个暴发户,无论美国科学技术如何发达,仍摆脱不了野蛮人的地位。当年的一群人到美洲杀了大量的印第安人,争霸世界,但其文化实质并没有被世界认可,有许多学者对此提出自己的意见。有位学者写了本书《寂静的春天》,讲的是春天像往年一样都来临了,春天来到的时候在历史上的记忆中曾经是百花齐放曾经是一片欢腾曾经是浩瀚的欢乐的海洋,在这样一个时期春天又来了,整个世界无声无息一片寂静,尽管人有了自己的车，道路宽阔明亮，高楼林立，但世界却失去了往日的喧嚣；寂静意味着死亡，死亡是生命的终结。这本书给人们一个又一个警告，现代文明对文化多元有了自己更独特的理解和认识，文化需要多种多样。我们常说“五谷丰登”，如果只有一种食品只有一种色彩，如果整个人类文明只有一种色彩，世界只有一种方式，我们的生活就像染色体变异一样。我们对民族的文化的传承都有自己的方式，中国的春节是中国春天的节日，春节是庆贺民族伟大精神的特定节日，这不仅仅是民族的意识，也不仅仅是哪个地区、哪个民族守护的，是整个民族都守护的。

一些土家族和汉民族之间有相似的地方，到年快来到的时候，腊月三十上午要砍几刀枣树，洒上水，一个人问“长不长?”另一个人说“长”，洒些水。这个人再问“长得大不大?”另一个人回答“大，非常大”，再洒些水。一个人问“长得甜不甜? 多不多?”另一个人回答“甜，多。”喂树包含一定科学道理，砍后结构得到改变，会长得更粗更旺。

春节写春联——除了贴对联外还有祭祀——写着诸多春天的评议，这是民族的文化在传承。春节是农闲的日子，在农闲时人们除对生产、生活进行安排，更多的是对精神进行整合，对自己的精神进行调理。我们的社会发生了重要变化，我们从以往那种对传统农耕生活的期待表现为对工业生产的向往。有些地方已经进入后现代文明时期。传统文明常常是非此即彼，现代文明是多元共存方式。美国寂静的世界表现为，尽管地铁在运行尽管工业在发展，但是没有春天的气息。节日越来越单调，原因是多种多样的。君子求中庸，我们常常反对排斥异己；守护民族的文化，更多的是守护一种精神，守护民族的伟大品格。我们通过守护每一年的传统节日，让世人看到，民族要强大起来，就要整合自己的身心——我们不能忘却我们伟大的传统，这是我们身份的标志。我们不能丢弃自己的根。

走向文明富强是我们的期望。春节是民族最伟大的节日，让我们守护、欢呼的同时使它更加丰富多彩。在传统的基础上我们的民族变得更加坚强，这是我们每个人的义务。

8

中国文化三元结构

——社会发展中时尚与习俗的文化互动以及民间文化的知识产权保护问题

在中国文化发展中,民间文化、传统文化与时尚文化三者相互关联,共处于社会发展的文化生活整体之中。在我国历史上,几乎是每一个朝代,都存在着这样地域文化三足鼎立,从而相互补充,共同发展的普遍现象。在某种意义上讲,如果仅仅懂得时尚,而不了解习俗,那就不可能真正了解中国文化的全部内容。更重要的是正确对待文化的发展、创新、传承与保护,特别是科学地对待时尚问题。同时,要充分注意到对于民间文化知识产权的尊重与保护。

人们习惯以为,北京和上海是中国两个最大最重要的城市,它们之间的冲突、对峙和交流形成对垒鲜明的"京派""海派",甚至有学者把这种自南而北发生社会变革思潮的现象称为"城市季风"。这的确是一个异常突出的问题。两个城市在现代中国的文化格局中具有十分不寻常的意义,但是,仅仅看到这两个城市,是远远不够的;在这两个城市的背后,以河南和山西为典型的中西部广大地区作为历史悠久的民间文化的存在与发展，事实上构成了中国现代文化的底色。民间文化的存在与发展，同样是举足轻重的。在某种意义上讲，如果仅仅懂得时尚，而不了解习俗，那就不可能真正了解中国文化的全部内容。

首先我们应该看到，历史地考察中国文化的三角格局这样一种普遍现象是很有必要的。不用说远古神话中黄帝南平炎帝、北逐蚩尤，也不用说夏商周之间的相互影响，以及战国时代的群雄逐鹿，只要我们细致了解汉代末年所形成的魏、蜀、吴三足鼎立的局面，就会更深入地认识到在一个民族文化的整合背景下，三国政治和文化其实是在内部互动的具体存在。在我国历史上，几乎是每一个朝代，都存在着这样地域文化三足鼎立，从而相互补充，共同发展的普遍现象。三足鼎立的格局，在汉末至隋统一之前，基本上是以强大的中原文化为中心，面对东南充满生机的吴越文化和西南别具特色的巴蜀文化，它们之间各显优势，也各具特色。这种格局在唐代随着经济中心的南移，出现了天下“扬（扬州）一益（成都）二”的南方文化与北方文化对垒的局面；其实，这中间还存在着一个新兴的汴州文化，屹立于帝都东侧，在整体上构成一个新的大三角。之后的宋元明清，也基本上都是这样，首先有一个政治经济文化的中心，然后又有一个以时尚而著称的新兴城市，再者是第三种更广大的边缘性与悠久历史相融合的地区作为待深入开发的对象。三种文化属性并不是一成不变的，而是常常在变换位置，关键的内容不是地域上的具体差别，而是人们心理上因为自我设置所形成的精神障碍常常限制了我们民族文化的迅速发展。

这三种文化类型的存在,我们初步分别划为 A,B,C。A 是京都文化即上层文化,无论它在哪个地方,它的居民都有很强而且十分明显的地域优越感。他们居高临下,甚至不乏盲目的自高自大,刚愎自用。在这一地域,官本位的思维方式有着突出的支配作用。B 是市民文化即时尚文化的典型,以时尚作为自己的文化特色。它的居民并没有建立在官本位这种传统价值评估体系上的优越感,而是随着城市文明的迅速发展,常在整体上居于经济和文化的先锋地位。C 是 A 和 B 的存在基础,一方面它是传统文化的集中存在区域,不乏帝都废墟的文化遗风;另一方面它是民间文化的典型,消解着传统与先锋而保持自身较为稳固的文化个性。它远离政治中心,经济相对落后或滞后,甚至排斥迅速发展的文明,更多地固守着传统(包括自身的传统)。在民俗学的视野中,C 是最为重要的关注对象,几乎所有的科学考察都把 C 作为重要的个案内容;但是,忽视 B 和 A,民俗学的人文价值就会失重,无疑这是一种人为的残缺。特别是我们在对待民间文化的控制与管理这一课题时,对 B 的存在应该给予更多的关注。在过去的一个世纪,我们的民俗学研究较多地把精力投入到 C 中,这无疑是很有必要的,有许多学者自觉或不自觉地投身于这种背景下的文化启蒙之中。柳田国男所提出的"民俗学要研究日本为什么贫穷",在这样的背景下得到学者们的广泛响应。但是,不难看出,真正能够解决社会贫穷问题的,还是应该将更多的精力投进 B,着力发展更丰富的经济与文化生长点;培养和发展 B 型文化就有了更为独特的价值和意义。

在历史上,B 文化的处境常常是尴尬的。在 C 的范围内,普遍存在着对 B 的排斥和仇视，这是农耕文明狭隘的文化生活空间所培养的心态；在 A 的范围内，它一方面享受着 B 的精神成果和物质成果，而另一方面它又有意压抑 B 的社会地位。其典型的事例有两个，一是隋文帝东征西归的途中遇到汴州殷富甲于天下的恐慌，便抑制其商贸、交通的生长点，以求解除其对自身的威胁；一个是唐宋时期，政府对扬州这一充满生机的商业城市的摧残和压抑。对商业的摧残和压抑，形成了农耕文明条件下的社会相对稳定，但是，它更多地阻碍了全民族文明程度的提高，是对生产力发展的严重破坏。这种思维方式至今还相当广泛地存在着。

A 文化的双重意义

A 文化发展中，其主流话语常被权力行为所支配。这种心理存在的直接原因即官本位，与农耕文明作为社会文化发展的主要支配者是息息相关的，更是宗法制为基础的专制政治的价值体现，其实质仍然是与文化相通的。这种文化的弥漫，更多地导致了全社会对权力的尊崇，从而将秩序的稳固作为社会控制的基本目的。学而优则仕，就成了文化发展的严重误区。应该说，这种社会价值评估体系的畸形膨胀，并不仅仅表现在京都地区，但在这一特殊地区它确实更严重地存在着。

考察这种文化的历史存在，我们几乎在所有的古代都城中看到皇权为中心的普遍性表现，这些都城在建筑格局中明显地遵守着权力行为的文化规则，这就是迄今还能看到的古代城市风水信仰。它的中心并不是整个都城的十字街口，而是方方正正的都城区域划分中的西北方位，正应了古代诗歌中的“西北有高楼，高与浮云齐”，以及远古神话中的女娲西北补天的内容。这是自然崇拜的结果，也是天人合一文化哲学思想的具体表现。以此伸展开，我们可以十分清晰地看到，在古代都城中存在着这样一个四方文化格局，即西北为天，东南为地，西南为人，东北为鬼，天地人鬼的文化角色设置深入城市文化心理世界。东南为地，恰应了古代诗歌中的“孔雀东南飞”和远古神话中的女娲斩鳌足背景下的“地不满于东南”。在西南主位，人的位置以娃娃庙的设置为典型，我们由此联系起莫言《红高粱》中的歌谣：“娘，娘，上西南，长长的大道，弯弯的宝船。”在城市的东北方位，镇邪的设施诸如镇邪塔、城隍神庙更为集中。一个城市的四方设施的安排并不是无缘无故的，其中巫术的意义被自觉和不自觉地体现出来。当然，随着现代文明的发展，这些古老的信仰正日益式微，但这种格局的意义是值得我们深入研究的。稳定是必不可少的因素。

A 文化的意义一方面体现为对 B 的文明成果的享用或掠夺，成为社会发展中物资文明的最大受益者；另一方面则体现为社会生产力发展的相对阻碍，而其支持者或其存在基础，则不折不扣地正是 C。古老的民间信仰在人文研究中无疑是我们的宝贵财富，而在社会发展中，它更多地充当了愚昧、保守的重要区域；那么，A 文化的传播及强制性文化渗透的意义就更值得我们深入思索了。超强的稳定性几乎是历史上所有统治者的政治追求。应该承认，没有稳定的环境，社会发展同样会陷入失衡，成为另一种意义上的畸形形态；但是，建立在这样一种哲学思想基础上的稳定，其实质难免是相当脆弱的，尤其是潜在危机常寓于表面的稳定。无论如何,用最优秀的现代文明充注A文化,在全民族的文化控制与管理中是极其重要的。

B文化的特殊意义

B作为时尚类型,它常介乎现代文明与古老的习俗之间,但它更多地呈现为两极倾向,一方面它相当急切地吸收现代文明,更剧烈地冲荡传统生活,充分体现出趋进先锋;另一方面,它似乎更强烈地表现出对古老的习俗的留恋。它与A不同的是,它本身的价值评估体系就是对传统的消解,而对秩序的强化有着本能的排斥与挑战,代之传统价值评估体系的生活准则是不断的创新。近来有不少学者关注到都市民俗问题,显然,时尚也就成为被关注的重要内容。时尚对习俗的冲击是猛烈的,诸如电子产品和生物技术逼迫着我们改变传统的生活态度。当然,一个民族的文化精神并不是简单地能在冲击中保持和发展的,它需要恪守最为核心的内容,这就要求它面向民间。这又使我们想起历史上“扬一益二”的文化辐射问题,人们一提起扬州,想起繁华、富庶,扬州的生活习惯自然被他人所模仿、接受。诸如当代长江三角洲和珠江三角洲地区的影响一样,成为全国大部分地区能够而且愿意接受的内容。在粤语中,“8”和“发”是同义的,所以,发财致富的趋同心理把“8”作为吉祥数字很快推向全国。而在中原地区,“8”原来是一个并不吉祥的数字,不用说人们用“王八”去骂人,日常放行中就有“七不出,八不归”的禁忌,人们崇尚更多的是“三、六、九”;但是,“8”到底还是为中原人所接受了。这就是恩伯在《文化的变异》中所讲的道理:“西方社会的扩张所带来的最重要的变迁之一就是世界各地对商业交换依赖的增强”;“但是,一旦新的商业化习俗站稳了脚跟,接受习俗的社会的经济基础就改变了。这种变化必然伴随着社会、政治,甚至心理等广阔领域的其他变迁”。在某种意义上说,时尚文化的流行与传统习俗相呼应,它才能真正流行;而传统习俗对时尚的充注,更刺激了社会文化和人们精神生活的多元发展。

时尚转换成习俗是可能的,这需要特殊的机遇。而且,时尚与习俗的划分不是很简单的,它们常常相融合于某一种具体事项。应该指出的是,现代民俗学绝不应该排斥时尚,而应该密切关注时尚,甚至在必要时积极进行时尚与习俗的有机合成。这样,才能真正促进文化的大繁荣。一个民族的文化与精神的健康发展,最重要的标志就是敢于并善于接纳所有优秀的文化,大唐时代长安流行胡乐就是明证。所谓礼崩乐坏的哀叹,其文化心理基础是相当脆弱的。事实上,习俗文化何尝不是积累而形成的!

C文化的控制与管理问题

有相当多的学者提到,对待民间习俗应当尊重。这是必要的,但是,基于现代文明的有效控制与疏导是更为必要的。民间文化的控制与管理问题,应该成为现代民俗学所关注的重要内容,C文化并不是仅仅被改造的问题,即C的文化社会地位与A和B是并重的,看到C作为当代民族文化的底色是一个前提。

在我们的历史文化的长河中,“礼失求诸野”是一个经久不衰的规律。所谓“野”,即失去规范的文化,而事实上,文化本身的规范也是相对的;文化作为一个民族的精神生活,它是极其丰富的,而且是在不断的发展变化中。C也是这样,它不被规范,并不是不能规范。诸如民间游戏和民间舞蹈,就是规范的艺术,只是它的信仰基础还停留在相对落后的文化层面。关于这一点,弗雷泽曾经在《魔鬼的律师》中为民间信仰的价值和功能进行辩护。问题在于控制和管理作为一种规范手段,应如何面对C的存在。长期的改造民间文化,诸如“破四旧、立四新”,进行文化的“革命”,显然有许多已成为惨重的教训。而合理地开发与利用C,在这些年的改革开放中,收益更为明显。同时,我们也可以看到,C的存在有许多大大小小的文化单位,即俗语中所说的“十里不同风”。在C的发展中有效进行不同地域的“杂交”,能培育出更多的更优美的文化良种;当前的旅游开发与展示中,这种“杂交”的优越性越来越明显。增进C的自身交流,并没有使C改变自身的审美、娱乐等功能,而是促进了其与现代文明的结合,浚疏了那些有悖于现代文明的内容——这就要求我们全面深入准确地理解C的价值与意义,认识它能够成为更广大地区人民主要精神生活内容的原因。C是一座富矿,中国古典神话的修复即民间活在口头上的古典神话的成功发掘,就是一例,更不用说它包含着千百万人卓越的聪明智慧,千百年来一直激励着人民大众与邪恶进行不屈的斗争,追求和创造着美好的生活。C更是一条河,日夜奔流,永不干涸,任何刀剑都割不断它。有效地控制和管理C,必须真正走进人民大众,直面人生,尤其要真正认识和把握其独特的规律。

A、B、C 三种文化相互影响，相互作用，它们之间的互动背景有着非常复杂的成因。全面而深入地理解这些内容，并且积极推进其互动进程，在我们加入 WTO 的特殊历史时期，更有价值，也更有意义。这里应该提到的是，我们的国家在现代文明建设与发展中，曾经武断地割裂 A、B、C 之间的互动结构，造成了非常严重的教训。1954 年，美国发展经济学的代表人物威廉·阿瑟·路易斯曾提出发展中国家的经济发展二元结构，即以我在上面所列的 A、B 两种文明为背景的工业部门与 C 以为背景的农业部门，农业部门的剩余劳力可以向工业部门转移。但是，我们的户籍制度、教育和供给制度等机制，形成“城里人”和“乡下人”两大群体，后者被歧视、鄙视，同时也使前者受到伤害；那么，加快城镇化建设的改革，B 的大力发展与对 C 的有机融合，应当使我们有一个非常清醒的认识。就当下三种文化的境遇来看，我们常常更注重的仍是 A 和 B 文化，而对于广大社会民众沐浴其中的 C 文化的重大价值往往视而不见。其中的一个重要原因就在于我们缺乏尊重、保护民间文化的意识，甚而说是我们缺乏对底层民众权益的尊重和保护。就比如说在当前的城镇化建设或改造旧城的过程中，我们往往重视的是如何以现代的、时尚的也即 A 或 B 的内容取代旧的蕴涵 C 文化的内容。虽然在这一过程中我们也会有意识地保留一部分旧的文化形式，比如一些旧的建筑物，但这不等于就是保护或者说尊重了 C 文化，因为就 C 文化的生存条件而言，很重要的一点在于它本身的生活性和日常性，它像空气、阳光和水一样，人们生于斯、长于斯，处于一种日用而不觉的状态。而改造旧城，不仅使老城的风景丧失了，也使老城的礼仪、生活方式不见了。更重要的是随着居住方式的改变，即便保留着几条干枯的特色胡同、保留着几个特色的四合院，也只是像放在博物馆里的文物古董，这不等于保护了民间文化。因为就存在于人们日用之中的民间文化而言，一旦失去其使用价值和生存价值，也必将逐渐改变其主体的思维和意识方式。因而，我们认为在当前的文化建设上，尤其是民间文化的保护和传承上，必须坚持与时俱进，正确理解好保护与转型、传承与创新的关系，让 A、B 和 C 型文化之间形成良好的互动关系，树立正确的民间文化保护观，并且建立一种合理的民间文化知识产权的保护机制，制定相应的法律和条例。否则，历史上的文化悲剧还会重演。

要强调的是，并不是所有的文化都能够成为产业。文化首先需要的是尊重。其知识产权的保护是多种多样的。它需要发展、创新，但是必须有尊重与理解作为基础。

简而言之，中华民族优秀的传统和精神在 ABC 三种文明中共同发展，才能保证我们全民族的健康发展。A 和 B 的文明中，懒惰、虚荣、自私、懦弱等劣根性日益明显，而且毒害到青少年一代，这个问题现在已经到了非解决不可的时候了。相对而言，在 C 文明中较多保存了优秀的民族精神。同时，我们也可以看到，在 A、B、C 三种文化格局中，流动人口等问题又带来了新的难题，但它也无情冲击着城市人格的封闭与狭隘，给全社会的发展带来新的机遇。人生而平等，贵族意识和精英意识即上智下愚的壁垒将在全球文化大格局中受到更猛烈的冲击，它是谁也阻挡不了的大趋势。在这样的背景下，促使 A、B、C 三种文化的科学互动，建立康健、理性的民族文化在某种程度上也就落实在了尊重、保护和传承处于弱势地位的 C 文化，关注其知识产权，进而建立有效的C文化的生态保持和保障机制，并合理有效地开发和使用C文化，也就成为当前文化建设中亟待解决的问题。

9

中国现代民俗学的科学风度

中国现代民俗学的建立有一个十分重要的学术背景，即救亡图存的人文觉醒。其直接发生，在于晚清社会泛起的新民思潮。所谓新民，有两种基本含义，一在于救民，一在于醒民。救民，就是救国，就是救亡；醒民，就是唤起民众。这种理论的集大成者，就是梁启超的少年中国说。少年中国，就是新的中国，就是充满生机的中国。要唤醒民众，拯救风雨飘摇中的国家，学者们形成了一种共识，即要建立新的文化思想体系，遵循“礼失求诸野”的文化发展规律。野是什么？是与庙堂相对立的，实际上就是新声。传统的文化格局，包括学术思想范式，在晚清社会都被打破了，这是新的学术材料所决定的状况。

我们知道，晚清四大学术发现形成很大的学术影响，敦煌的发现、居延汉简的发现、甲骨文的发现和大内档案的发现，逼迫着人使用新的学术材料，于是，学术走出了一条新的道路。与此同时，西方的进化论、新史学等理论思想，随着国门打破而涌入，给人耳目一新的感觉。一些有识之士清楚地认识到，封建专制条件下的君权神授、天人感应等思想已经很难继续支撑新的思想文化大厦,因而提出学习西方、面向民间的主张。应该说,学习西方,是一种姿态,包含视角的变化和转换,从接受西方来朝转向接受四夷的思想,身份不同了;面向民间,则与其说是一种觉醒,不如说是一种文化理想的复兴,即古代圣明君主使人"振木铎于天下,闻政治之得失"的政治理想梦幻的重构。这些思想潮流的发展结果,就是愈演愈烈的现代文明的基本内容:科学和民主。

中国现代民俗学在这一潮流中应运而生,获得了新的学术品格和学术生机。因此,脱胎于西方殖民主义背景的学术规范,从根本上转向新文化,成为我国现代学术发展的重要资源,更是其重要的组成部分。这样,它就以新的使命和责任表现出新的学术品格而跻身于中国现代学术体系之中。直到今日,科学和民主依然是这个学科最为可贵的品质,其前途亦因此而宽阔。

民俗学走出殖民主义思想的窠臼,树立新的学术形象,形成新的学术思想体系,首先要回答一个问题,那就是学术目的。与我国古代政治思想相吻合的一个概念是民本,即孟子所讲的民贵君轻,系统来讲,就是现代民俗学应体现以民为本的学术理念。而正是在这一点上,民俗学,包括民间文学,形成了自身的学术特色。有一些年轻的学者质疑民俗学学科的存在,其实就是在这一点上没有看清。换一个说法,现代民俗学以民为本,明显区别于现代学术体系的其他学科。当然,各个学科都因自身和外在的多种因素而在学术方法等方面表现出不同的发展完善程度,有许多问题甚至不是一代两代人所能解决的。最重要的是学术特色,而学术特色是在学术实践中从整体上显示出来的,它包含着众多学人在相关问题上的辛勤探索，尤其是一些基础理论的研究，值得后人尊重。我们完全没有必要在一些问题的不足之处用力夸大其瑕疵，甚至一叶障目，否定其价值和意义的重要存在。

中国现代民俗学以民为本，是对科学和民主的呼应。在这里，它融合了两种民本思想，一种是我国古代的民本思想，一种是西方的人本主义思想。民主思想在我国的存在和发展，其道路是极其坎坷的。我们可以看到，汉代文景之治为典型的与民休养生息，在宽松的思想文化氛围中显示民本的一定内容；明代社会高度专制，朱元璋甚至挞伐提出民贵君轻的孟子，从另一方面显示出中国封建政治在整体上所表现出的对民本思想的排斥。其实，民本并不是完全反对专制的，而是以承认专制为前提对其做修正和补充的努力。即使是这样，它的存在和发展也是尤其艰难的。值得整个人类社会所庆幸的，是欧洲文艺复兴运动，它将人本主义思想发展到空前的程度，是人不断解放的重要理论基础，而且它反对蒙昧主义，这就是从更深刻的意义上否定了愚民政治。与之相反，中国封建社会政治把愚民作为自己的法宝，并且不断强化神权的思想文化功能。所以，西方人本主义经过启蒙主义者的进一步发展，使资本主义先进的生产力形成巨大的飞跃。它的经验给中国近代社会的学者们以深刻的启发，提出了包括师夷以制夷的思想文化主张。中国现代民俗学合理地吸收了西方民俗学理论在实践中对民的阶层划分方法，即蒙昧之民与现代文明之民的对立。一个最值得注意的问题是思想文化立场的巨大不同在这里充分表现。资本主义世界推行殖民主义，利用落后民族的文化，意在对之进行更为持久的奴役。而我国现代民俗学一再强调的是对人的解放,对民众的启蒙、拯救,并纳入科学和民主的大潮,这就是学术目的的根本不同。正是以科学和民主为背景,民俗学以民为本,不断发扬光大民本思想,这一学科才日益成熟发展、壮大起来。

现代民俗学的形成,一般都以五四歌谣学为重要标志。在《歌谣周刊》的发刊词中,我们看到学者们"为学术的"和"为文艺的"两种并行的主张,而在《民俗周刊》中学术主张就不同了。顾颉刚他们高呼要建立"以民众为中心的历史",建立以民众的立场为出发点的历史观,打倒以贵族为中心的历史而建立新的历史中心话语。这是现代民俗学早期发展的基本任务,也是学者们的共识。所以,我们看到的民俗学建设,基本上就是对各地民俗的记录、整理、聚汇。总体上讲,就是展示,一方面是对历史溯源的梳理,一方面是说明某种民俗在一定地域和人群中所具有的功能,而对于民俗发展变化规律及其价值意义的探讨则相对不足。那么,在质的独特意义上理解的不足,也就明显限制了这一学科的发展。但是如果我们承认事实的话,应该说,与其他学科相比,民俗学在这一时期的发展,其实绩是不菲的。

乡村教育运动是中国现代民俗学从理论到实践迅速发展到一个大飞跃阶段,而今天相当多的学者对之重视不够。可以说,乡村教育运动中民俗学的发展是中国现代民俗学真正成熟的标志。乡村教育运动与俄国民粹运动、日本的新村运动有着十分密切的联系。早期共产党人李大钊等人都曾投身这一运动,而其大规模地开展,是在20世纪的30年代初,在北平、河北、河南、江苏,开展得如火如荼。在这一运动中,取之于民,用之于民,用和学都取得突出的成就。所谓用,就是以民俗内容做教材，教农民识字，是民俗学实践、民俗学应用；所谓学，主要是在一些实验区内所展开的不同层次的民俗学建设，包括多种形式的实验。无论是从规模上还是从理论创新程度上，这一时期都远远超过了以往。这是一场有目的有步骤的理论与实践相结合的文化运动，其目的就是通过教育实验探索乡村社会迅速发展的新途径，从其一开始就与民俗学科学考察方法联系起来，而且承接了梁启超他们倡导的新民理论，所以其意义尤其不凡。一场运动需要一群有志献身的人去呼号，去拼搏，一个学科也是如此。但我们应该看到，过程与目的的价值正是同等重要的，民俗学现代理论体系的建立和发展正是在这种从过程向目的的运行中实现自身完善的。其中一个重要的方式就是深入底层社会进行调查的田野作业，这一方式为民俗学现代理论体系的建立和发展提供了不可缺少的保障。而这一圭臬在今天受到质疑，甚至嘲讽。在现代学术史的意义上讲，没有田野作业，就没有民俗学的发展。当然，问题在于田野作业是学术目的还是基本方法，需要我们更深入的思索。而在乡村教育运动中，其实田野作业就是简单的学术目的的准备。它在事实上告诉我们，没有田野作业技术的日臻完善，这个学科的基本目的就无从实现。乡村教育运动中的学者们提出一个响亮的口号："到农村去。"当然，他们也同样关注城市底层民众的生活。这一点曾受到误解和忽视，而其学术价值远远超出我们所想象。如河南开封教育实验区，蔡衡溪他们所做的《淮阳风土记》《淮阳太昊陵庙会概况》和《开封相国寺民众娱乐调查》等，将视角直接投身民间文化，进行了极为详细的考察，提出了许多珍贵的理论见解。其他如《河北定县秧歌概况》《山东庙会调查》等学术考察，为现代民俗学的发展做出了重要贡献。这些学术成果至今没有得到应有的重视。在现代民俗学的历史上没有这样一段历史,整个学科发展是不可能取得巨大成就的。这场运动的学术方法在抗战中得到继承和发展。闻一多他们一批西南联大的学者,走进西南山区所进行的多种学术考察,《西南采风录》等著述的出现,其学术视野突破了乡村教育,形成了民族学、语言学、人类学、社会学、历史学、考古学、艺术史等学科的综合研究相对繁荣的局面。这是中国现代民俗学史,包括民间文学史,乃至整个现代学术史上的一个黄金时期,学术方法和学术思想都进一步成熟发展。与此相应的是在解放区,包括《陕北民歌选》在内的民歌搜集整理,其意义都是相当重要的。这些历史告诉我们,科学考察是一切研究工作的重要前提,单纯地使用文献是一种学术方法,你可以唯文献材料是用,而走出书斋同样是一条切实的学术道路。我们应该明白一个最基本的道理,昨天人们的文献记述,与我们今天记述的行为,在意义上是一致的。取得可靠的民间文化文本,不是一相情愿就能达到的,它需要不断地在感受中去理解。一味地强调拥抱理论、从概念出发,会离真理越来越远。

近年来,民俗学和民间文学的学科发展受到学术体制缺陷的严重影响,出现了一些不正常的现象,那就是新的学术霸权主义泛起对学科发展的干扰。本来,多元共存才能形成学术繁荣,任何一种方法方式都可以粉墨登场,争鸣更是特别必要的。但今天却步入了一个相对褊狭的境地。一个十分突出的现象就是简单地运用社会学、社会人类学的方法完全替代民俗学的理论方法。已故学者童恩正曾提出田野作业是运用材料证明某种理论,这在一定范围内是无可厚非的。问题在于把这种方法扩大化,甚至绝对化。应该说,在民俗学的发展中,理论研究不是唯一的出发点,更不是其归宿,何况理论发展也不是某种学说的单兵进入。如果学术发展中只有一种声音,这是一种悲哀。这使我想起20世纪80年代一位日本学者的讲话。在当时的民俗学发展中,钟敬文先生受到学界共同的拥戴,他所在的学校也成为我国民俗学理论的重心,这是当时的实际。这位日本学者说,如果只有这样一种局面是不利于中国民俗学发展的。20年过去了,钟先生去世后,又是日本学者在挽联中写到“中国民俗学绝矣”。钟敬文先生为中国民俗学的发展做出了巨大贡献,这是一个学科的幸福和光荣,尽管在他去世后有年轻的学者对其提出一些异议。我们在敬重钟敬文先生的同时,其实最应该发扬的是他的创新精神、奉献精神和开拓精神。突破和超越固然是必要的,而问题在于发展的前提是继承,是对前人理论的准确理解。理解需要理性把握,需要尊重他人的辛勤劳动,更需要相对广阔的学科知识背景。在某种意义上讲,我们需要一个健康的学术生态,让各种学科、思想共处于一个环境,共同发展和繁荣,而不是此消彼长。

有一个时期,社会学提到学科的本土化问题。对于民俗学,同样存在。按照我个人的理解,这个命题包含这样一些内容:如何对待古典民俗学理论的继承及其与现代民俗学理论的结合问题;如何对待西方民俗学理论的形成发展及中国民俗学发展问题;如何对待当前民俗学发展中的理论创新问题,包括突破和超越等问题。在中间有许多问题的探讨可能与学科的发展联系并不十分紧密,但是,在学理上,一切问题都有研究的必要。相比而言,在传统学科的发展中有许多问题更值得我们深思。诸如对于民歌和民间戏曲问题，古代文学领域的学者们的探讨更为深入。任半塘和王起他们对民间文化的研究，到王小盾、康保成、廖奔等更年轻的学者，他们将考据发挥到极致的同时，将田野作业的成果有效地纳入了实证的范围。在这一点上，我们不得不承认，有相当多的民俗学者缺乏必要的文献功夫。民俗学学科发展需要多元并存共建，不是哪一家哪一个人的事情。其实，现代民俗学理论史业已证明了这一点，其中既有文学家出身的学者，又有社会学家、民族学家出身的学者，特别是历史学家出身的学者，不同学科从不同角度关注民俗事象，在学理上分别做出了有益的贡献。那么，今天，我们获取信息更为方便的同时，是否能比前人做出更大的贡献呢？我以为，这除了大脑的功夫外，更重要的是脚下功夫，需要我们更深入地走进民间，去更细致更广泛地感受和理解。我们也都明白，民间世界无比丰富多彩，在那里蕴藏着无数的文化宝藏，需要我们深入进去，不断发现其中的珍宝，但是，我们常常出现两种错误，一是浅尝辄止，一是窥一斑而不知全貌。在我们的田野作业中，不是尽力地搜罗殆尽，而是通常只寻求对自己有用的内容，有意无意地拒绝了一些极有价值的成分；再者是忽视民俗事象相互间及其与其他社会发展因素的联系，同样会陷入自己编织的假象中。在一个相当长的时期内，我们责怪早期民俗学发展中作家出身的人占据了大多数。其实，这是不符合实际的。顾颉刚他们是历史学家，凌纯声、芮逸夫和岑家梧他们是民族学家，李景汉他们是社会学家，闻一多其实是美术史学家。他们共同构筑了民俗学的理论世界，怎能说仅仅是作家们在进行民俗学研究呢？更何况，作家群体研究民俗学，包括民间文艺学，有着得天独厚的文化优势,其中一个方面就是对民间文化中情感内容的深入把握。作家的想象力十分有益于民俗学研究中的联想和感受,特别是他们深入生活所获得的灵感对思维的激活。今天,民俗学研究中普遍缺乏想象力,是限制和阻碍自身发展一个重要因素。尤其是技术主义的泛滥,将民间文化中的情感因素有意无意地割舍开去,事实上是对精华成分的忽视。也就是说,不懂得民间社会中充注的复杂情感,即使材料分析做得如何细致,恐怕也无补于学科发展的。如果说,绝不是夸大其词。技术主义将一切都置于量化分析的最大弊端也正在这里。而要真正获得对民间百姓的情感的全面把握,仅仅靠一些西方学者那里早已不新鲜的理论作为利器,是远远不够的。一个值得我们高度重视的问题是民间文化系统的独立性。它沿袭千百年,保存了自己的情感表达方式、叙事方式、道德与审美功能的体现方式、阐释方式及循环运行方式等内容,这是民间文化的文本保存的重要因素。如果忽视这些内容,民俗学研究,包括民间文学和民间艺术的研究还会有什么意义呢?而建立民俗学理论体系,若缺少这些内容,那么,其独特价值的普遍性意义的体现也就失去了必要的依托。所以,我们强调田野作业不但要有全面的典型性,而且要有持久的对动态发展的把握,不断在联系与发展中发现新问题,把握新问题,解决新问题。歌德他们说,理论是灰色的,生活之树常青,这话运用在民间文化研究中也是适用的。也就是说,我们的民俗学研究需要对民俗的历史发展、古代民俗思想、西方民俗学理论的历史与现状、我国现代民俗学理论体系的建立、当代民俗类型的分布和发展规律等问题,有一个最基本的把握。特别是对中外民俗典籍和民俗学经典理论的理解,更是我们进行民俗学研究的必要准备。今天严重困扰我们学科健康发展的其实并不是理论建设问题,而是普遍存在的像堂·吉诃德那样用长矛向风车挑战。这是一味拥抱理论,或者说热衷于西方理论的简单套用所带来的极大弊端。诚然,民俗学和其他学科一样,处于全球化的语境之内,需要面向世界和未来。但就目前而言,中国民俗学更需要树立自身坚实的基础,脚踏实地,直面现实,深入民间,以民为本,以全新的科学风度迎接挑战!

10

中国现代民间文艺学理论体系的建立

中国现代民间文艺学理论体系的建立,是在近代社会思想潮流的传承和发展基础上形成的。其学术思想和学术方法在总体上表现出人类学和社会学的倾向,即一改传统学术上智下愚的文化理念,格外强调对民间社会的重视。中国现代民间文艺学理论体系的发展,在其形成主体上是与一批学者的身份构成,十分密切地联系在一起的。人类学的进化理论和社会学的实证方式不但应和了时代思潮,而且与中国古代学术传统有机融合在一起。因而,随着社会转型进程的不断加剧,它迅速担当起启迪民智,唤醒民众,拯救民族命运,改造世风的思想文化利器。抗战救亡从根本上改变了许多学者的立场和方法。在整体上讲中国现代民间文艺学理论体系的建立有这样一些特点:一、神话研究具有非常重要的意义;二、民间艺术,特别是民间音乐的重视具有更为独特的意义;三、古典文学研究的重要融入;四、域外民间文学理论的运用倾向;五、时代精神的高扬。今天我们进行全国范围内的口头与非物质文化遗产抢救与保护,回顾、理解这一历史阶段具有非常重要的理论意义和现实意义。

在普遍的意义上，人们常常以为民间文艺学是文艺学的重要而特殊的组成部分。但是，我们许多人没有看到这种重要性和特殊性，更多地在强调文艺学理论范畴的一般性存在，自觉或不自觉地忽略了一般文艺现象与民间文艺之间的复杂联系。特别是在现代文艺学理论历史研究中，许多人无视中国现代民间文艺学理论体系的重要存在。我们应该看到其存在的相对独立性，尤其是它在整个现代文艺学理论发展完善过程中的重要作用及其与相关学科的密切联系。这对于我们深入研究现代文艺学理论的形成和发展是非常必要的。中国现代民间文艺学理论体系的建立是与晚清社会文化发展中的四大发现密切联系在一起的：殷墟甲骨文、敦煌经卷、居延汉简和大内档案的发现。学术材料决定学术方法，这就从事实上深刻影响和改变了人们的思想文化观念，至少是拓展了人们的学术视野。所以，王国维他们适时提出“双重证据法”的学术方法，对后世产生了重要而深远的影响。而更重要的是中国现代民间文艺学理论体系的建立是在近代社会思想潮流的传承和发展基础上形成的。从魏源、黄遵宪、严复、梁启超、章太炎他们，包括他们同时代人的学术思想和学术方法的具体转变及其发展中，我们可以看到，其学术思想在总体上已经明显表现为人类学和社会学的倾向，即一改传统学术上智下愚的文化理念，强调对民间社会的重视，许多人对于民俗、民间艺术和民间口头创作产生极大的热情。这种热情一直持续到整个20世纪，在五六十年代达到空前的高度。人类学的理论基础是进化论，它包含生物进化论和社会进化论。这一理论的东渐，暗合于我国古代的民本思想；越来越多的人接受了一种全新的思想文化观念，并从一个极端转向另一个极端，即高贵者最愚蠢，卑贱者最聪明。甚至有人把不识字者作为一种特殊的文化标本，以此衡量所有的文化现象，以为凡民间的即劳动人民的，才是积极进步的，代表着文化发展的新方向。这在事实上与英国早期民俗学重视“野蛮人”及其文化遗产的性质是一样的，只不过学术目的不同，一个为了维护可持续的殖民统治，一个为了建立新的民族国家，郑重提出为人民服务。社会学强调对于社会事实存在的研究，与我国古代学术研究重视实证的传统方法有许多相同的地方。在中国现代民间文艺学理论体系的建立进程中，人类学和社会学的融入主要是留学归来的一批知识分子的提倡和运用，他们越来越不满足于传统学术研究方法的经验研究，力图寻找新的话语述说和表达方式，希望自己的理念更准确地表现出来；所以，人类学的进化理论和社会学的实证方式不但应和了时代思潮，而且与中国古代学术传统有机融合在一起，极大地影响了人们学术视野与学术胸襟的开阔。因而，随着社会转型进程的不断加剧，越来越多的人接受了它们，运用它们，使之担当起启迪民智，唤醒民众，拯救民族命运，改造世风的有效思想文化利器；尤其是抗战救亡，从根本上改变了许多学者的立场和方法。

具体来讲，中国现代民间文艺学理论体系的建立有三个十分重要的学术来源，其一是最直接的来源，即域外文化的影响，主要是西方现代文明的冲击。鸦片战争、甲午战争对于中华民族造成身心上的极大伤害，传统的自大与现实的不自信形成复杂的矛盾心态，深刻影响和改变了中国知识分子在传统社会形成的思想文化观念和社会发展观念。一批知识分子走出国门，去进行新的“西天取经”。包括传教士在内,对西方世界文艺复兴以来学术理论和思想文化的介绍,迫使许多人换一种目光重新审视世界,刺激传统的思想文化格局渐渐发生变化。新史学、人类学、社会学、民族学,包括民俗学、神话学等理论方法从不无简单的搬用到合理吸收,形成具有自己特色的民间文艺学理论方法;早期的歌谣学运动、民俗学运动在事实上都是因此而形成的。在后来的边疆文化建设运动中,一批民族学家、人类学家和考古学家,包括一些语言学家,更是将西方学者的文化理论发挥到极致。其二是近代文化思潮的影响和延续,即明代中后期知识分子中就已经形成的求新求变,具有东方色彩的启蒙意义思想潮流。戴震、黄宗羲他们的学术思想,与西方现代文化思想共同作用于当代文化思想,形成并且直接促进了学术发展中新的民本意识发展,在事实上影响到梁启超他们的少年中国理想的形成。在民族危亡的关头,这种理想被放大为绝对的文化方向,从走进民间,深入民间,到融入民间,唤起民众。这中间,一批文学家、艺术家和具有社会学知识背景的教育学家(主要是乡村教育运动中的一批学者)起到突出的作用。其三是中国文化自身的自觉寻求与发展,即“礼失求诸野”的文化规律在当代社会的积极表现与重要作用;在某种意义上讲,这是中国民间文艺学理论形成的内在因素。同时,我们还可以看到,中国现代民间文艺学理论体系的发展,在其形成主体上是十分密切地与这样一批学者的身份构成联系在一起的:一是文学家,一是艺术家,一是语言学家,一是历史学家和考古学家,一是民俗学家和民间文艺学家,一是社会学家、人类学家和民族学家,一是具有社会学知识的教育学家,包括一些政治家。他们从不同的学术理念与方法出发，面对民俗、民间艺术和民间口头创作进行学理上的探索。如歌谣学运动、民俗学运动、古史辨学派、大众文艺运动、新音乐运动、边疆调查等，成为我国现代民间文艺学理论发展中的重要阶段。在他们的共同努力下，域外文化的刺激与作用、近代文化思潮的影响和延续、中国文化自身的自觉寻求与发展，这三个方面与全社会更广泛范围内求新求变求强的思想文化需求的滚滚潮流相融合，就自然形成中国现代民间文艺学理论体系的学术思想与学术方式的重要基础。

在这三个来源中，域外文化即西方现代文化理论的影响，是中国现代民间文艺学理论体系的建立最为直接的因素。应该说，没有世界各民族间的文化交流，人类文明的进程就会停滞，甚至会发生倒退；我们中华民族壮大和发展的历史就是最好的证明。昔司马迁曾说过，三代之居皆在于河洛之间。三代，就是传说中的帝王，他们其实也都是不同国家的或民族的首领，通过文化较量，当然也有各种斗争，分别在河洛地望取得统治权。我们从中华民族的始祖神黄帝的图腾构成上也可看到，正是民族或部落间的融合，形成民族或部落的迅速发展，其中发展的重要因素便是文化交融所形成的向心力、凝聚力。世界各民族的文化发展也是如此。自文艺复兴以来，西方现代文明发生了质的变化，对自由、民主、平等等文化理念的追求，形成其全新的民族精神，甚至影响到世界文明格局的重新组合与发展。我们不得不承认自己的滞后。在世界各民族文化交流的历史发展中，从来没有空洞的“大同”，而是非常具体地联系到不同民族的各种利益追求与选择，诸如恃强凌弱，不合理、不平等的因素常常形成主流。

中国近代化的构成，包括近代文化思潮的发展，就是典型的受帝国主义殖民主义鸦片战争残害的结果，充满悲壮和屈辱。林则徐、龚自珍他们的作品自然包含着遭受侮辱的忧愤深广。但是，不管情愿与否，我们最终还是接受了异域的文明和文化，虽然这和历史上对西域的寻求在感情上有着巨大差别。中国现代民间文艺学理论体系的重要精神，如面向民间的启蒙、融入民众的文化追寻，及对民主、科学的宣传与实践，正如孙中山所言，“世界潮流，浩浩荡荡，顺之者昌，逆之者亡”，我们更多的是无可奈何。回首中国现代民间文艺学理论体系的建立过程，如果没有单士厘、蒋观云、周作人、江绍原他们对西方民间文艺学理论的译入，我们这个体系很可能还是旧学的一部分。在中国现代民间文艺学理论体系的建立过程之中，我们可以看到，其西方民间文学理论的传入，基本上分为三个阶段。第一个阶段是蒋观云时代，主要从日本移入，梁启超他们要强国，从日本明治维新的历史中得到深刻启发，他们强调“新民”，尤其是鲁迅他们寻求与传统不合拍的“恶声”，是不自觉的文化选择。这一时期具有西方古典主义色彩的社会学理论，从支离破碎渐渐成为轮廓分明，为中国现代民间文艺学理论奠定了重要的学术基础。第二个阶段便是江绍原和郑振铎时代，他们更为清醒地认识和理解西方民间文艺学理论包括相关的民俗学、文化人类学理论对研究中国社会所具有的重要意义。这个时期理论翻译的成就尤为突出，诸如黄石、谢六逸他们对于西方神话学体系的介绍，茅盾与闻一多具有明显的人类学色彩的神话学理论，正是在这一时期形成。他们在普遍的意义上促使中国现代民间文艺学理论体系获得成熟发展。第三个阶段是抗日战争前后，更年轻的一批学者,诸如岑家梧、芮逸夫、凌纯声等学者,他们更多地译入了与民间文学理论相关的图腾理论、社会学、民族学和语言学理论,特别是他们自觉进行理论与实际相结合的实地考察,与乡村教育运动对民间文艺的钟爱一样,他们的理论获得可贵的实践品格,使现代民间文艺学理论有了更充足更完善的发展。在这三个阶段中,第二个阶段即20世纪的二三十年代,在中国现代民间文学史上至关重要。正是集中在这一阶段的理论翻译,构成中国现代民间文学理论研究的基本方式,形成其基本框架。这三个阶段的翻译对象也各有侧重,第一个阶段重在从日本译入,第二个阶段重在从法国、英国即欧洲地区译入,第三个阶段则重在从美国译入。图腾理论的译入具有十分不寻常的意义。这个概念最早是美国人类学家阿尔伯特·加拉廷在1836年提出来的,后来有许多人类学家注意到图腾与婚姻禁忌的联系,并且提出"图腾物神圣体现"等问题,从不同方面进行解释。博厄斯为代表的人类学派与涂尔干(迪尔凯姆)为代表的社会学派就群体图腾与个人图腾等问题展开了热烈的讨论,成为人们理解原始文明在民间文化中的表现等问题的重要途径。① 这些理论开阔了人们的学术视野,特别是对于边疆地区少数民族的民间文化生活的研究有着更为直接的意义。因为这些民族许多人缺乏文字,他们的各种生活现象,特别是他们具有原始信仰色彩的图腾崇拜、祖先崇拜、灵魂崇拜,都成为人类学家和社会学家重要的研究对象。这无疑成为我们传统学术长期忽略的非主流

---

① 博厄斯是美国著名人类学家,他曾经进行长期的田野作业,以实证的方式反对"埃及中心说"。与社会学家强调图腾的简单形态不同,他提出图腾的多重性,提倡关注当代生活。其《人类学与现代生活》在世界范围内产生重要影响。

文化研究领域中一个重要的难点和热点。其中,许多学者在接受这些理论的同时,也不自觉地接受了早期进化论的单线进化到新进化论的多线进化的理论方法。从另外一个方面讲,图腾不仅仅是一个历史概念,它还包含着更为复杂的文化认同等民族学、社会学的意义。特别是在民族危亡关头,抗战救亡需要共同的文化旗帜,图腾的意义也就更加特殊了。这三个阶段的三个地区,在文化构成与发展上有着明显的不同。按一般的道理讲,日本文化更多的是中西文化的驿站;欧洲学者更多的是理性批判,是历史研究,诸如泰勒(Tylore)的"遗留物说"、马克斯·缪勒(Max Muller)的"比较神话学"、安德鲁·朗(Anderow Lang)的"人类学派神话学"和弗雷泽(J. Frazer)的"巫术理论",关注较多的是历史与现实之间的文化传承与变异;美国文化更多的是经验主义。不同的文化风格直接影响到各国的学术方式和学术风度,从而也影响到译入区域的学术发展。

第二个来源即近代文化思潮,若追溯其源头,应该是明代中后期就蕴涵或孕育着这种具有批判和启蒙意义的文化思想了。这就是从冯梦龙到戴东原,再到龚自珍、黄遵宪、梁启超他们,构成一条大河。他们的学术思想最突出的品格就是叛逆,敢于冲破已经腐朽到极点却越来越顽固的文化传统和思想传统。近代文化思潮影响下的民间文学理论发展,已经有学者做出整理性的工作。如阿英对相关资料的钩沉与挖掘,钟敬文对改良派、革命派的民间文学理论的透视与勾勒、梳理,张振犁对顽固派民间文学理论的研究。[1] 近代民间文学理论作为庞大的文化思想体

① 《民间文艺学文丛》,北京师范大学出版社 1982 年版。

系，其内容尤其复杂，我将在我的《中国近代民间文学史》中更具体地论述。这里应该指出的是，鲁迅他们的早期的民间文学思想，包括章太炎的《訄书》等文献，尤其是小说、诗歌、戏剧的改良，和教科书重制等文化现象，都体现出浓郁的民族主义，如何更深入地探索这些内容，确实是中国历史的大转折时期的再认识的关键。特别是近代哲学思潮的意义，尤值得人深思。

第三个来源其实就是古典文化的优秀传统。中国文化发展中的自觉的民本意识，是中华民族伟大的精神财富。“礼失求诸野”是我们的传统文化的一条重要规律。所谓“礼”，其实就是主流文化；所谓“野”，其实就是民间文化，自然包含民间文学。我们常常把儒家文化作为文化主体，讲究修身齐家治国平天下，讲究个人责任和使命。但仅仅是这样，还远远不够。郑振铎说民间文学就是大众文学，是中国文学史的中心。[①] 这固然有他的偏颇，但无视民间文学为全民所拥有的历史存在，却是更大的偏颇。应该看到，民间文学作为民间文化的重要组成部分，它不仅是语言的艺术形式，而且是一个民族相当重要的精神生活和文化生活；离开了生活的实质意义，就难以看到中国文化的真正面目。正因如此，如人所说，理论是灰色的，生活之树常青，所以，作为主流文化的“礼”就能从作为民间文化的“野”中汲取到源源不断的汁液，促使其自身的健康发展。如孟子所强调的“君为轻，社稷次之，民为重”，在事实上构成了整个中国文化的重要理念；加上更为古老的“天行健，君子以自强不息”的文化精神，中国文化的自觉性就有了更特殊的价值和意义。鸟瞰中

① 郑振铎：《中国俗文学史》，长沙商务印书馆 1938 年版。

国文化发展的历史,文学的每一次革新几乎都与民间这个特殊的群体有着极其密切的联系。在现代民间文学理论的体系构成中,传统的文化精神得到充分的张扬,这就是这种文化规律的延续。若没有这种内容及文化精神的贯彻,中国现代民间文学理论体系将是空中楼阁,或沦为一种殖民话语。也正因为有了数千年的中国传统文化及其文化精神的巨大支持,这个体系才能扎根于中国社会,并在现代历史发展中成为民族精神的一簇火花,照亮中国社会前进和发展的前程。中国现代民间文学理论体系的建立与古典文化的优秀传统有着割不断的联系,这对于今天民间文学的发展具有启发意义。

中国现代民间文学理论体系的建立中,其内容表现出这样几个方面的重要特点,即:

一、神话研究具有非常重要的意义;

二、民间艺术,特别是民间音乐的重视具有更为独特的意义;

三、古典文学研究的重要融入;

四、域外民间文学理论的运用倾向;

五、时代精神的高扬。

这几个方面的特点使现代民间文学理论获得了可喜的生机,是我们准确把握中国现代民间文学史的重要渠道。

神话学的三元并立,是指以鲁迅为代表的强调神话与民族精神相联系的文化研究一维,以茅盾为代表的强调文化人类学研究方法的一维,以顾颉刚为代表的“《古史辨》学派”。鲁迅的神话研究,强调对神话中所蕴涵的民族精神的张扬。在他早年的《破恶声论》等著述中,他异常重视“破除迷信”的意义,有人对龙图腾在神话中的表现提出曲解意见时，他则给予指正，借以维护和捍卫民族文化尊严。更不用说他的《故事新编》，用小说的形式表现自己对神话的理解。他更重视挖掘神话中的民族精神，借以振奋民族精神；他还非常重视活在民间百姓口头上的神话，在与人的通信中提到“中国人至今未脱原始思想，的确尚有新神话发生”，即以自己家乡的太阳生日神话为例。[①] 同时，对西方人利用其他民族神话传说进行文化改造，他还揭示其用心。若追溯这种神话研究方法的源，似乎可在梁启超强调“影响于古代人民思想及社会组织”的内容中找到痕迹。[②] 我们在后世学者袁珂等人的研究中看到这种方法的发展。茅盾的神话研究，其基本方法是文化人类学，即强调现代民族中存在的原始时代的文化遗留；同时，他尤其重视在各民族的神话传说中进行比较。在某种意义上讲，茅盾称得上是西方文化人类学派神话理论在中国的典型的代言人。在周作人、郑振铎、闻一多等学者的神话研究中，我们可以看到这种相似的现象。后世学者中，尤其是新的历史时期，一批青年神话学者受这种理论的影响更为明显。值得人重视的是，自从闻一多等学者开始，注重神话研究与田野作业，以及与其他学科相结合的方法，使神话学得到更迅速的发展，这种研究方法在今天表现出更为独特的价值。顾颉刚的《古史辨》一派，在厘清历史与神话传说之间有一些贡献，他们提出层累的构成说等学术论点，确实有益于启发人的思索，而且他本人也曾经重视民间文学研究的田野作业，如对吴地民歌

① 《鲁迅书信集》，人民文学出版社 1959 年版。

② 梁启超：《太古及三代载记》，见《饮冰室丛话》，上海中华书局 1922 年版。

的搜集整理与考证。但是,他始终是把神话看做历史的虚构成分,他和他的同志们坚持对神话进行严格而细致的辨析,只看到典籍文献中的神话材料。这种研究方法自有其独特的理由,但其无视活在民间百姓口头上的神话,这不能不说是一种局限。令人遗憾的是,这种研究方法仍充注在当代学术发展中,一些青年学者无视当年徐旭生、郑振铎他们对这种方法的批判,仍在步人后尘。当然,我们也需要从史学角度研究神话。在中国现代民间文学史上,三种神话学的研究方法既是并立的,又是互补的,应该说,这是学术的福音。

民间艺术,特别是民间音乐的重视具有更为独特的意义。

古典文学研究的有机融入,对于中国现代民间文学理论体系的建立具有相当重要的作用。关于在文学史的研究中重视民间文学的重要作用问题,我的《中国民间文学史》中曾做过详细论述,①这里我想着重提的是,民间文学研究应该充分注意到文学研究的基本方法。现代学术史上,诸如胡适、鲁迅、闻一多、朱自清、郑振铎,他们都有着坚实的古典文献的基础,更不用说郭沫若、陈寅恪、徐旭生他们作为文史研究学者深厚的学养。正是基于对古典文献的深邃的造诣,他们才有那么多惊人的见解。在文化发展的历史进程中细致考察民间文学的形成与流传、变异等问题,胡适曾经对《西游记》《三国演义》《水浒传》等名著中的故事原型进行考辨,郑振铎也做过相似的工作;闻一多对文字学、语言学和艺术理论的运用,鲁迅和朱自清对文学史的独到见解,包括周作人、茅盾、老舍,中国现代民间文学史上这些学者

① 参见《中国民间文学史》“绪论”部分,河南大学出版社 2001 年版。

出身的作家,都以非凡的学养,特别是古典文献的深厚学养,构成他们扎实的理论基础,从而也影响到他们在文学作品中的思想深度。民间文学和传统的诗文、文人戏曲确实有很大不同,但它们共处于古典文化的整体之中,我们没有必要硬将它们等量齐观,更没有必要将它们分成三六九等,随意论其长短,但是,我们确实要看到它们之间的复杂关系。由此我想起长篇历史小说作家姚雪垠,他创作出《李自成》这部巨著,许多人只知道他是一位在明代史学方面有深厚造诣的学者,其实他的古典文学研究同样不俗;当年,他还是一个文学青年时,就从古典文学研究出发,发表系列论文《羿射十日中国神话研究》,[①]还发表《论元杂剧的扮演》等论文,探讨其中的民间文学、民俗生活等内容。我们今天的民间文学研究更多的是将其纳入民俗学、人类学的视野,这本当无可厚非,但若抛开民间文学的文学意义,那么这是否步入了又一种歧途呢?直到现在还应该说,如果离开了古典文学中的民间文学的研究,这个学科恐怕很难有真正深入的发展。日益轻薄、浮躁甚至恶意谩骂他人的学风,都与一些人轻视或忽视古典文学修养的提高有着直接的联系;在我们数千年的古典文学中,会聚着丰富的民族文化优秀的精神财富,应该能够使我们有开阔的视野、深邃的思想与崇高的品格。

域外民间文学理论的运用倾向,主要是欧洲学者提出的文化人类学,在中国现代民间文学理论体系的构建中,发挥了相当积极的作用。关于这一点,马昌仪曾经做过一篇《人类学派与中国近代神话学》,详细介绍了在神话研究领域中国学者受文

---

① 《河南民报》,1934 年《平野周刊》第 5 卷第 6 期至第 6 卷第 2 期。

化人类学理论影响的情况。[①] 在20世纪的二三十年代，确实有大量的域外民间文学理论及其相关的著述被翻译、介绍。诸如周作人、黄石、谢六逸、茅盾、江绍原、郑振铎、赵景深、钟敬文、汪馥泉、杨成志、钟子岩等，极大地丰富了我国现代民间文学理论的体系构成。最为典型的是北京大学歌谣研究会的《歌谣周刊》，诸如其第一卷中的家斌发表的翻译 Frank Kidson 等人的《英国搜集歌谣的运动》（第 16 号）、Andrew Lang 的《民歌》（第 16 号、19 号），其译述《歌谣的特质》（第 23 号），刘半农的《海外的中国民歌》（第 25 号），还不包括转录意大利人 Guido Vitale 的《〈北京的歌谣〉序》（第 12 号）、Taylor Headland 的《〈中国的儿歌〉序》（第 21 号）等；其第二卷中，翻译和译述之作如郭麟阁的《法兰西古代的恋歌》（第 18 号）、于道源的《歌谣论》（第 21 号、22 号）和《童话型式表》（第 24 号、25 号、26 号、27 号、28 号、29 号、39 号、40 号）、方纪生的《俄国之民俗文学》（第 30 号）、李长之的《略谈德国民歌》（第 36 号）等。其他报刊也不乏此类著述，为中国民间文学的研究打开了一扇又一扇面向世界的窗户。这里面应该提到的是，郭沫若、徐旭生他们既尊重西方学者人类学派的理论，更重视运用马克思主义的社会历史分析，用历史唯物主义和辩证唯物主义诠释神话传说；他们的成就也应该为我们所重视，他们的影响在新中国成立后一直到 90 年代末都不衰。在中国现代民间文学史上，以 30 年代中期为界限，在前半个时期的翻译及其理论运用倾向上，主要表现为人类学的理

---

① 马昌仪：《人类学派与中国近代神话学》，《民间文艺集刊》（一），上海文艺出版社 1981 年 11 月第 1 版。

论;在后半个时期,则渐渐转向社会学、民族学等学科。其中,历史唯物主义学说的运用,使中国现代民间文学理论体系有了更高更全面的发展;但是,不可忽视的是,这种可贵的方法在新中国成立后越来越多地成为机械搬用某种教条,其科学意义更多地被误解或曲解。

中国现代民间文学理论体系得到了可喜的发展,其中与这些作家所具有的责任感和使命感,即鲜明的时代精神,有着密切的联系。从北京大学五四歌谣学运动到中山大学民俗学运动,从乡村教育运动到大众文艺运动,[①]作家和学者们走进民间文学研究的文化天地之中,都怀抱着火热的理想和信念;尤其是全民族的抗日战争,它从根本上改变了许多人对于民间文学的基本态度,其中最典型的便是老舍和郑振铎。老舍和郑振铎都曾经在自己的著述中提到民间文学有显著的局限性,称这种来自社会底层的文学与封建糟粕有着脱不尽的联系。这时期他们的认识更多的是在审视民间文学,带有明显的居高临下的姿态,这种态度和立场与鲁迅对国民劣根性的批判在实质上是一致的,但是,无论如何讲,他们都没有真正融进《歌谣周刊》和《民俗周刊》所宣传的"目光向下""面向民间""走进民间"。顾颉刚他们一再高呼要建立"全民众的历史","要把几千年埋没着的民众艺术、民众信仰、民众习惯,一层层地发掘出来","打破以圣贤为中心的历史","要站在民众的立场上来认识民众"。[②] 但是,这仅仅是一群知识者的呼号。当日本人侵入中国时,这种呼

① 高有鹏:《论20世纪中国文学发展中的民间文化思潮》,《文学评论》2001年第4期。

② 顾颉刚:《〈民俗〉发刊辞》,《民俗周刊》1928年3月第1期。

号便又重新响起，并化做“文章入伍，文章下乡”的巨浪，涌向神州大地。老舍、郑振铎他们都很快走进这抗日的文化激流。老舍不但自己学习民间文学，尝试进行通俗文学的写作，而且动员更多的人走进民间用文化抗战。郑振铎从来就是一个热心于搜集整理、翻译、研究民间文学的人，他极有远见地提出建立“民间文学博物馆（图书馆）”，借以保存完整而充分的民间文学研究资料，并且提出建立中心和分中心，加强民间文学理论及相关的田野作业等研究工作。[1] 这和我们今天提出的抢救和保护口头与非物质文化遗产，竟是一致的。搜集整理不是目的，理论研究也不是目的，运用民间文学进行“为大众”的文学发展，提高全民族的科学和文化水平，才是他们，也是我们的目的。胡适也好，鲁迅也好，他们大都是以天下为己任的人；其创作也好，其理论也好，学术境界和学术品格的自我提高，具有尤为重要的意义。

在中国现代作家群体中，并不是每一个人对民间文学都有深入研究，但不可否认的是，他们每一个人都与民间文学有着不可分割的联系。一个作家，生活在现代中国这样一个农耕时代行将结束、工业时代即将来临的特殊时期的国度，任谁也摆脱不了这种联系。如冰心，曾经在《我的文学生活》中说，“刮风下雨，我出不去的时候，便缠着母亲或奶娘，请她们说故事。把‘老虎姨’、‘蛇郎’、‘牛郎织女’、‘梁山伯祝英台’等，都听完之后，我又不肯安分了”[2]。因人而异，有的作家仅热心于文学创

① 郑振铎：《民间文艺的再认识问题》，《联合日报》1946 年 5 月 16 日。

② 冰心：《我的文学生活》，《冰心全集》第五卷，海峡文艺出版社 1994 年版。

作，有的则既热心创作，又对民间文学怀有浓郁的学术热情。在中国现代民间文学理论体系的建立中，作家出身的学者对于学科发展的贡献具有更为独特的意义，这是因为他们有着特殊的感受，其视野也常常因此更加开阔，能够避免自身的一些不足。回顾中国现代民间文学理论体系的建立，能让人看到这个学科相当不平凡的经历；这不仅益于文学，而且益于整个人文学科，它教会世人学习无私，为全民族的发展而不断超越狭小的个人。

还是一句话，礼失求诸野。

11

关于中国现代民间歌曲理论问题

我国是一个富有民间音乐资源的文化大国,人们运用音乐表达情感,抒发胸臆,形成独具中国特色的音乐文化。在历史上,不乏引吭高歌、慨当以慷,以歌声表现威武不屈的个人歌唱,如传说中的涂山氏"候人猗兮"与伯牙子期"高山流水"到岳飞的《满江红》,更有充满激越与昂扬的合唱,如葛天氏"三人操牛尾以歌八阕"、商民族被灭亡之后其遗民仍然高唱《商颂》,等等,雅俗并存,相互影响,共同发展。民间歌谣与民间歌曲在整体上是密不可分的,其基本区别在于前者多吟诵,后者可歌唱。它们的传播与传承都依赖民间音乐。我们中华民族很早就重视民间音乐,出现"乐府"等搜集整理保存民间歌谣、民间歌曲的文化机构,具有以歌曲振奋民族精神,特别是面对外敌入侵,在民族危亡重要关头,通过整理挖掘民间歌曲,唤醒民众,凝聚民族精神,团结御侮,革新与发展音乐文化的宝贵传统。有学者将这种现象概括总结为"礼失求诸野"的文化发展规律。

现代中国社会,同样如此,富有正义感、责任感、使命感的知识分子，异常重视民间歌曲的价值意义；他们从启蒙民间到走进民间，努力遵循“礼失求诸野”这种音乐文化的发展规律，深入研究和大胆探索运用民间歌曲，使音乐文化传统发扬光大，并形成逐渐系统、完善的现代民间歌曲理论。从宏观上我们可以把这一过程概括为三个基本阶段，即承启近代文化发展的学堂乐歌教育歌唱运动时期，在科学、民主思想影响下所出现的五四歌谣学、民俗学与乡村教育运动时期，新音乐运动与大众文艺运动时期。在不同历史时期，形成不同的理论特色。

应该说，在我国近代社会存在着一个以学堂乐歌为主要内容与民间歌曲有密切联系的教育歌唱运动。在我们民族传统教育历史上，曾经把音乐教育列入“六艺”之中，真正把音乐教育提高到一个很高地位的还是在近代。在两次鸦片战争中，我们的民族身心都受到极大伤害；废除科举，新学兴起，学堂乐歌应运而生，一些具有觉醒意识的知识分子他们认识到音乐教育对于唤醒民众的重要作用，较早提出重视乐歌的社会教育作用，借鉴日本明治维新以来重视音乐教育的历史，吸收和借鉴西方音乐，组织音乐教育团体，创办音乐杂志出版或整理音乐作品集，在一定范围内形成了学堂乐歌教育歌唱运动。早期的学堂乐歌大多以旧曲填新词为主，使用民间歌曲或欧美歌曲的曲调填进创作的新词。据不完全统计，20世纪初出版了各种歌集100余册，编入学堂乐歌2000余首。其中，沈心工编辑的《学堂乐歌集》、曾志忞编辑的《教育歌唱集》和李叔同编辑的《国学唱歌集》影响尤为突出，其他如《新唱歌》《女子唱歌集》《修身唱歌书》《新撰唱歌集》《中学唱歌集》《共和国民唱歌集》《雅乐新编》等，无不充满救国济世的热情。在这些唱歌集中，有许多苦心创作的音乐作品，而更多的是对民间歌谣的整理与改编，实际上成为影响五四歌谣学运动发生的重要因素。1904 年沈心工、曾志忞等人在日本东京成立“亚雅音乐会”，提出以“发达学校社会音乐，鼓舞国民精神”为宗旨，至 1906 年李叔同创办《音乐小杂志》，这期间可以看做是学堂乐歌教育歌唱运动的先声。1911 年 1 月，在上海成立了“中华女子音乐协助会”，南京中华民国临时政府教育部颁发的《普通教育暂行办法》《普通教育暂行课程标准》中指出音乐教育必须纳入学校日常课程体系。既而，教育部又公布《中学校令规则》《师范学校规程》和《高等师范学校课程标准》，包括《藏蒙学校章程》等文件，一再提出音乐教育特别是乐歌为必修科目。1919 年 3 月，教育部颁发的《全国教育计划书》明确提出“文艺、音乐、演剧，皆人民娱乐之所寄，惟宜力趋于高尚者，故是项事业亟宜提倡或补助之”。自 1919 年 1 月蔡元培等人成立“北京大学音乐研究会”，5 月冯伯廉等人成立“中华音乐会”，11 月教育部组织成立国歌研究会，全国各地许多地方成立了音乐教育组织或机构。1919 年 3 月北京大学音乐研究会编辑出版《音乐杂志》，蔡元培在发刊词中写道：“一方面输入西方之乐器、曲谱，以吾固有之音乐相比较。一方面参考西人关于西人音乐之理论，以印证于吾国之音乐，而考其违合”，“循此以往，不特可以促吾国音乐之改进，抑亦将有新发现之材料与理致，以供世界音乐采取”。蔡元培是学堂乐歌教育歌唱运动的重要组织者，此前他曾大力提倡美育，在《以美育代宗教说》中提出借之“舍宗教而易之以纯粹之美育”。[1]

---

① 《新青年》，1917 年 8 月第三卷第六期。

之后萧友梅在他的支持下建立北京大学音乐传习所，系统讲授西方音乐史与西方声学，出版《今乐初集》《新歌初集》等中国现代歌曲理论的开拓之作。黎锦晖是北京大学音乐研究会的积极参加者，他曾经深入研究民间戏曲，对皮黄、大鼓等民间艺术进行认真考察，1922 年他创办《小朋友》，发表大量适应儿童教育的音乐作品，标志着学堂乐歌教育歌唱运动历史任务的完成。期间，许多有识之士积极呼吁在全社会加强音乐的革新与普及教育，对于学堂乐歌特别是民间歌曲概念、功能、价值和意义的理解，成为现代民间歌曲理论的重要内容。如廉士的《乐者古以平心论》①、张德彝《乐可化民说》②、匪石的《中国音乐改良说》③、王国维的《论小学校唱歌科之材料》④、我生的《乐歌之价值》⑤等。其中曾志忞、萧友梅做出积极而卓越的贡献，他们在许多著述中大力提倡开阔视野，提出“教科书者，教育之命脉也”⑥，重视西方音乐在国民教育中的借鉴与运用。同时，越来越多的人认识到在音乐教育上要有自己的声音，不能盲目照搬西方音乐。如德国留学的王光祈积极向国内介绍西方音乐学历史和理论，倡导比较音乐学的研究方法。他在《欧洲音乐进化论》中指出：“音乐是人类生活的表现，东西民族的思想、行为、感情、习惯，既各有不同，其所表现于音乐的，亦当然彼此互

---

① 《万国公报》，1883 年第 1 卷第 15 期。

② 《五述奇》稿，1890 年。

③ 《浙江潮》，1903 年第 6 期。

④ 《教育世界》，1907 年 10 月第 148 号。

⑤ 《云南教育杂志》，1917 年第 7 号。

⑥ 曾志忞：《音乐教育论》，《新民丛报》1904 年第 14 号。

异。"他特别指出"西洋音乐是表白人的思想、行为、感情、习惯，原来不是为中国人作的"，"希望中国将来产生一种可以代表中华民族性的国乐。而且这种国乐是要建筑在吾国古代之音乐与现今民间谣曲上面的。因为这两种东西是我们民族之声"。① 1912年至1922年十年间的音乐出版物表现出这样几种特点：即一为唱歌集，主要是振奋民族精神、愉悦民众的歌曲创作；二为曲谱集，其中个人创作曲谱与民间歌曲包括古代曲谱的整理出版有格外突出的意义；三为音乐知识与教科书在音乐教育普及方面影响突出。至北京大学成立歌谣研究会，发起抢救整理研究民间歌谣，即五四歌谣学运动的兴起，学堂乐歌教育歌唱运动继续存在，渐渐告一个段落。这两个运动在发展过程上未必有必然联系，但它们都不同程度对民间歌曲给以热情关注，在事实上形成民间歌曲理论的发展。

五四歌谣学运动、民俗学运动是我国民俗学发展的重要开端。乡村教育运动则是我国民俗学深入发展的重要时期。这三个运动在民间文化研究的整体上其意义是大致相同的，它们都以对于民间文化的关注，包括对民间歌曲的研究为学术研究的重要出发点。就五四歌谣学运动、民俗学运动而言，前者的主体是北京大学，后者的主体是中山大学，他们共同关注于民间歌谣，包括民间歌曲，他们把搜集整理民间歌谣作为自己的基本任务，如何精确记录民间歌谣的曲调、音调，成为许多学者不可回避的问题。与学堂乐歌教育歌唱运动所不同的是，这两个运动更注重民间歌曲在文艺学、民俗学和文化史上的重要价值与意

① 王光祈：《欧洲音乐进化论》，中华书局1923年11月版，第1页。

义。特别是一批文学家、语言学家,他们中的许多人精通我国古代音乐知识,将语言学、音乐学的知识贯通于民间歌谣的研究。如郭绍虞对于传统文化研究中将诗与歌分割开的批评,他说"只可惜孔子以后再没人同他一般纂集国风","忘了诗歌是同时发生,忘了诗是带有乐歌的性质",他引郑樵"自夔后以来,乐以诗为本,诗以声为用"的话,批评后来"腐儒之说起","以义理相受,遂使声歌之音湮没无闻",称"以此成为古乐失传的原因"。[①] 又如刘半农对于俗曲的研究,他特别重视方音、乐曲在俗曲与民间歌曲中的重要价值。他在拟定《北京大学征集全国近世歌谣简章》中特别强调"歌谣之有音节者当附注音谱。用中国工尺谱、日本简谱,或西洋五线谱均可"[②]。他曾讲:"打算利用蓄音机,将各种方言逐渐收蓄下来,作研究的张本。同时对于社会上流行的俗曲,以及将要失传的旧乐,也须采访收蓄,希望十年八年之后,我们可以有得一个很好的蓄音库。"[③]刘半农的《中国俗曲总目稿》编入6000余种俗曲,是我国现代民间歌曲特别是俗曲理论历史上的一部重要著述,迄今仍然是我们不可缺少的工具书,他在序言中提到当年征集歌谣"最初所注意的只是歌谣,后来就连俗曲也同样看重,甚而至于看得更重些",对于其中"没有能谈到记载乐曲的工作"感到遗憾,但他又不得不承认自己"于唱的一方面是门外汉"。[④] 他在《北平俗曲

---

① 《村歌俚谣在文艺上的地位》,《晨报》1920年8月21日《艺术谈》。

② 《歌谣周刊》,1922年12月17日第1期。

③ 《我的求学经过及将来工作》,《北京大学研究所国学门周刊》1925年11月第1卷第4期。

④ 《逛城隍庙牌子曲》,《语丝》1926年6月21日第84期。

略》的序言中特别提到俗曲在音乐研究上“将来还大有继续研究的余地”,“在这一个范围之内的探求校订的工作,最好交给天华去做,可惜天华死了”。[①] 刘天华是刘半农的兄弟,是国乐改进社的发起人之一。当时,国乐改进社提出“设法刻印尚未出版的古今乐谱”,“把无谱的乐曲记载下来”,保存、改进和发展国乐,“以期与世界音乐并驾齐驱”;[②]刘天华本人也曾提出研究、保存古音乐“要顾及一般的民众”,不要“以音乐为贵族的玩具”。[③] 另外还有黎锦熙、董作宾他们大力提倡用工尺谱记录民间歌曲演唱的曲调,为歌谣学包括民间歌曲的研究提供了重要的基础。工尺谱以汉字来标注音阶,也以汉字的读音来发音,但旋律却同现代的简谱相同。据考,我国隋唐时期就已经形成了工尺谱、减字谱等音乐记录方法,宋代出现了俗字谱的记录方法。清末,通过留日学生的努力,简谱传入我国。在我国近、现代历史上,使用比较普遍的是简谱和五线谱,特别是使用简谱的人最多。1904 年,沈心工先生倡导的《学校唱歌法》一书出版后,简谱的记录方法在我国逐渐普及,对于我国民间歌曲的整理、现代音乐知识的普及和推广音乐教育起到非常重要的作用。当然,他们更关注的是民间歌谣包括民间歌曲对于文化研究和文学发展的理论意义。如《歌谣周刊》的编者在发刊词中提出,其目的有两种,“一是学术的,一是文艺的”,就是“从这学术的资料之中,再由文艺批评的眼光加以选择,编成一部国民心声的选集”,“根据在这些歌谣之上,根据在人民的真感情之上,一种

① 李家瑞:《北平俗曲略》,中国曲艺出版社 1988 年。

② 《国乐改进社成立刊》,1927 年 8 月。

③ 《〈月夜〉及〈除夕小唱〉说明》,《音乐杂志》1928 年 2 月第 1 卷第 2 期。

新的民族的诗也许能产生出来”。[①] 10 多年后,《歌谣周刊》复刊时,胡适仍然念念不忘“替中国文学扩大范围,增添范本”作为其“最大的目的”。[②]

中山大学民俗学运动更为激进,顾颉刚他们强调推翻封建贵族为中心的历史,要建立以民众为中心的历史。董作宾曾专门在文章中提到他们“有三个目的”,除了“学术的”和“文艺的”,特别强调“教育的目的”,说“我们感到‘割股救亲’的愚孝,‘奔丧守寡’的苦节,这些曲本唱书的教训,是 20 世纪所不应有的”。这里他们的“民间”,“不限于汉族”,“凡属于中国领域内的一切民族皆是”,作品也不限于“韵文的歌谣、谜语、谚语、曲本、唱书”,“凡神话、童话、传说、故事、寓言、笑话”皆是。他高呼口号:“打破传统的腐化的贵族文艺的旧观念!用研究学术的精神来探讨民间文艺!用批评文艺的眼光来欣赏民间文艺!用改良社会的手段来革新民间文艺!热心民间文艺的同志团结起来!提倡新颖而活泼的民间文艺!”[③]中山大学的学者们出版《民俗周刊》和《民俗学会丛书》,到杭州中国民俗学会时期,形成我国现代民俗学运动的又一次高潮。他们对于民间歌曲表现出很高的热情。如谢云声的《台湾情歌集》和《闽歌甲集》、黄诏年的《孩子们的歌声》、丘峻的《情歌答唱》、叶德均的《淮安歌谣甲集》等,大多在民间歌曲后面注音,注释方言含义。特别是对于少数民族民间歌曲的翻译、整理,更具有学术意义。

① 《歌谣周刊》,1922 年 12 月 17 日第 1 号。
② 《歌谣周刊》,1936 年 4 月 4 日第 1 号。
③ 《为〈民间文艺〉敬告读者》,《民间文艺》1928 年创刊号。

如刘乾初、钟敬文合译的《狼僮情歌》[①],有人在序中由衷地感叹道:"我们与其读诗人成册的歌曲,不如听一个刘禾少女的几声慢唱。"[②]钟敬文的《民间文艺丛话》[③]对于客家山歌、台湾民歌、歌仙刘三妹、竹枝词和儿童歌谣等民间歌曲的探讨,格外关注民间歌曲在一定地区民众文化生活中的具体存在状况,这种研究方法即使在今天仍然值得我们重视。顾颉刚等人在《孟姜女故事研究集(三)》[④]中,从不同方面对于孟姜女故事、戏曲、小调中的民间歌曲问题的研究更富有意义。如其中何植三的《诸暨与上虞的孟姜女歌曲》,涂光熙的《平湖的孟姜女歌》,"学生界一分子"的《吴中唱春调的孟姜女》,刘复(半农)的《敦煌写本中之孟姜女小唱》,钱肇基的《南曲谱及民众艺术中之孟姜女》和《孟姜女鼓词与听稗鼓词》,钟敬文的《送寒衣的传说与俗歌》,钱南扬的《目连戏与四明文戏中的孟姜女》等,这些文章在今天仍然对我们有深刻的启发。

总的来讲,《歌谣周刊》为重要阵地的五四歌谣学运动主要关注民间歌曲的文学性,《民俗周刊》民俗学运动主要关注民间歌曲的社会历史价值。应该说明的是,这二者对于民间歌曲的研究而言都是不可缺少的,尤其是二者对于确立民间歌曲的研究立场都具有非常重要的意义。我们研究民间歌曲固然应该重视音乐形式,同样也不能忽视其词句所蕴涵的内容。

---

① 《中山大学民俗学会丛书》之三,1928 年。

② 王独清《狼僮情歌》序,《中山大学民俗学会丛书》之三,1928 年。

③ 《中山大学民俗学会丛书》之六,1928 年。

④ 《中山大学民俗学会丛书》之七,1928 年。

乡村教育运动中民俗学的发展是中国现代民俗学真正成熟的标志。它与俄国民粹运动、日本的新村运动有着十分密切的联系。在这一运动中,取之于民,用之于民,用和学都取得突出成就。一些实验区展开不同层次的民俗学建设,包括以民间歌曲做教材,教农民识字,多种形式的民间歌曲与识字相结合实验。无论是从规模上还是从理论创新程度上,这一时期都远远超过了以往任何一个时期。这是一场有目的有步骤的理论与实践相结合的文化运动,承接了梁启超他们倡导的新民理论,其目的就是通过教育实验探索乡村社会。民间歌曲在这一运动中发挥了十分积极而重要的作用。乡村教育运动中的学者们提出一个响亮的口号:“到农村去。”当然,他们也同样关注城市底层民众的生活。

乡村教育运动对于现代民间歌曲理论的意义,主要体现在民间歌曲对于社会历史文化研究的探究,及其在社会教育实践中民间歌曲作为民众识字教育的具体运用。相当长一个时期,民间歌曲研究中存在一个缺陷,即忽视民间歌曲的文化存在条件。民间歌曲的研究应该是与民间戏曲的研究密切联系在一起的。民间戏曲大量吸收了民间歌曲的曲调,同时也广泛影响了民间歌曲的传播,二者常常密不可分。但是,我们许多学者,有意或无意地忽略了这一方面。20 世纪 30 年代,乡村教育运动深入开展,诸如北平、河北、河南、山东、江苏、福建、贵州、云南、四川等地,学者们深入社会底层,进行不同形式的考察,或以此了解社会历史文化的存在与发展,或寻找民间文化资源,直接服务乡村教育运动中的教材建设。在这一时期,许多学者,通过对外国民歌的介绍,运用比较的方法,研究民间歌曲。如青主的

《论民歌》[①],就是相当难得的民间歌曲理论文献。他提出,"本来的民歌发祥地,就是自然界,只有接近自然界的人们,才能够创作本来的民歌",即"本来的民歌的创作者,并不是音乐艺人,乃是接近自然界的居民,他们创作出来的民歌,是用来表示他们的哀乐,并用不着诗的艺人同他们做歌辞","还有许多由诗的艺人和音乐艺人创作成功的民歌",他说,"每一首民歌都是凭着它的歌辞和音乐用来表示出一种最真挚的情感,或欢乐,或愁苦,都是不可以易移的",他批评"外国民歌有些失之太淫",强调"我们有输入正当的世界民歌的必要","不论哪一处的民歌,只要它是美是好,我们都可以拿来唱,正不必把它的民族性妨害我们的乐性"。[②] 聂耳以黑天使的笔名发表《中国歌舞短论》,高喊"要向那群众深入,在这里面,你将有新鲜的材料,创造出新鲜的艺术",这才是"时代的大路"。[③]

对于中国现代民间歌曲理论而言,其中最有价值的应该是各地的民众娱乐调查。如晏阳初、梁漱溟、陶行知、王拱壁、黄炎培他们的乡村教育考察论著,尤其是张履谦的《相国寺特种调查》[④]和郑合成的《陈州(淮阳)太昊陵庙会概况》[⑤],其他如《河北定县秧歌概况》《山东庙会调查》等学术考察,这些著述对于民间歌曲的关注,具有非常重要的学术价值。《相国寺特种调查》中我们可以看到,如其所述,他们"调查相国寺的民众娱乐,

---

① 《乐艺》,1930 年 10 月第 1 卷第 3 号。

② 《论民歌》,《乐艺》1930 年 10 月第 1 卷第 3 号。

③ 聂耳:《中国歌舞短论》,《聂耳全集》,上海音乐出版社 1932 年版。

④ 河南开封实验教育区出版,1936 年。

⑤ 河南杞县实验区出版,1934 年。

是同民众读物调查的时间一同开始的”,其调查方法采用“个案调查”“实地访问与观察”。其中“梆子戏调查”“坠子戏调查”“大鼓书调查”“道情调查”等调查活动,他们除了民间戏曲基本内容的调查之外,尤其详细记录了许多民间艺人即民间歌曲演唱者的生活状况,包括他们传授演唱技巧、授徒方式等内容。这对于我们研究民间歌曲的形成、发展、传承、传播,及其价值、功能等问题都具有特殊的意义,其实际影响范围远远大于五四歌谣学运动和民俗学运动。但是,不可讳言的是其理论深度则明显不及前两者,其更多的是以相对浅显的社会学理论对于民间文化所做的描述与评说。

新音乐运动与大众文艺运动是我国现代民间歌曲理论发展和完善的重要阶段。我们应该看到新音乐运动与大众文艺运动都是新文化运动的重要发展,都是五四以来新文化的一部分。但是,由于社会文化发展的特殊的时代背景与其所赋予的任务不同,它们又表现出特殊的时尚与风格,形成现代民间歌曲理论的重要特色。尤其是文学语言与音乐语言在这里得到有机统一,更是现代民间歌曲理论的杰出成就。我们可以说,如果没有新文学对新音乐的文学支持,就不会出现像《黄河大合唱》那样震撼人心的音乐作品;同样,如果没有新音乐对新文学的艺术支持,也不会出现像《白毛女》《王贵与李香香》那样的优秀文学作品。

20 世纪 30 年代,日本侵略中国,抗日救亡的文化潮流极大地改变了一大批文艺工作者的文化立场与艺术观念。许多人明确提出文化救国,如吕骥提出“目前对于大多数工农群众,新音乐运动不能不把一大部分力量致力于整理改编民歌的工作,不过我们更需要的还是用各地方言和各地特有的音乐方言制成的‘民族形式,救亡歌曲’的新歌曲”。[①] 大众文艺运动,其实就是文艺的大众化运动,应该看做五四歌谣学运动的余音和新文学运动的新声。它为新音乐运动提供了必要的文学支持,包括民间文化理论的思想支持。在当时,它反对的是欧化,即所谓五四新文学发展中的文学语言与文学形式的“欧化倾向”。他们认为五四新文学运动“产生了种新式的欧化的‘文艺上的贵族主义’:完全不顾群众的,完全脱离群众的,甚至于是故意反对群众的欧化文艺,——在言语文字方面造成了一种半文言(五四式的假白话),在体裁方面尽在追求着怪僻的摩登主义,在题材方面大半只在知识分子的‘心灵’里兜圈子”。向林冰他们更是指责五四以来的新文学非大众化、非民族化,对于民间旧形式表现出巨大的热情,甚至看做民族形式的“中心源泉”。胡风他们则反对认为五四新文艺“割断了历史的优秀传统,割断了人民大众的联系”,反对认为“民间文艺为中国文学的正宗”。他反复地批判向林冰他们提出的“新质发生于旧质的胎内”,特别是对于大众文艺和民族形式的讨论,通过对“民族形式”“民间形式”的强调,不无偏颇地排斥对于西方文学必要的学习,瞿秋白在《大众文艺的问题》中强调语言形式问题,指出“革命的大众文艺必须开始利用旧的形式的优点”。毛泽东非常关注大众文艺运动的发展,组织召开延安文艺座谈会,针对当时的文艺发展情况,包括如何对待大众文艺运动及文艺大众化等问题,他发表

---

① 《中国新音乐的展望》,《光明》1936 年 8 月第 1 卷第 5 号。

了自己的意见，即《在延安文艺座谈会上的讲话》[1]。这篇文章是对大众文艺运动的重要概括与总结；它规定的文艺为人民服务，为工农兵服务的方向与任务，在相当长的一个时期内对广大文学工作者影响极其深刻。如对延安新秧歌剧运动与赵树理小说的影响。最为典型的应该是以新音乐为背景的大众歌咏运动在全国各地的风行。

在实质上讲，大众文艺运动与五四歌谣学运动重视民间文学的文学价值、学术价值，包括民俗学运动提到的社会价值，是一脉相承的，但是，在价值立场和叙述方式等方面它们又表现出不同意见。这两个运动都是在民族危亡的关头由文艺工作者自觉发起的，带有浓郁的救亡色彩，在现代文化发展中都发挥了重要作用；它们相互支持，共同发展，表现出非凡的文化品格。“新音乐运动”显然是以新音乐为主要内容的文化运动。其源头在于学堂乐歌教育歌唱运动。黄自曾经提出“民族文化的新音乐”，[2]主张学习俄国音乐文化建设，建立具有中国特色的民族乐派。萧友梅第一次提出“新音乐运动”的概念，他在《关于我国新音乐运动》[3]中回答了“我国旧音乐与现代西方音乐比较”“复兴我国音乐的方法与道路”“如何对待民众领略新音乐运动”“如何形成我国音乐学派”“我国音乐教育的途径”和“如何对待新音乐运动与时代”等问题，特别是对于如何对待民间歌曲，他提出“搜集旧民歌，去其鄙俚词句，易以浅近词句，并谱以浅近曲调；遇有谱之民歌，整理之后更配以适当的和声”，“搜

---

① 《解放日报》，1943 年 10 月 19 日。

② 《怎样才可产生吾国民族音乐》，《晨报》1934 年 10 月 21 日。

③ 《音乐月刊》，1935 年 9 月第 1 卷第 1 期。

集民曲(folk tune 俗名小调,指有声无词的一类),加以整理,配以和声”,“选择好的旧剧加以整理”,“由政府及音乐学校双方征求新作民歌并配以曲谱。认为有价值的请政府给予奖励,借以创作新时代的民众音乐”。① 这在事实上应该看做新音乐运动基本纲领性的论述。后来,又有吕骥他们明确提出了“国防音乐”;吕骥在《中国新音乐的展望》②、《伟大而贫弱的歌声》③等文章中进一步提出了“新音乐运动”的理论,贺绿汀的《音乐艺术的时代性》④和《中国音乐界的现状及我们对于音乐艺术所应有的认识》⑤,周钢鸣的《论聂耳和新音乐运动》⑥、《从“九一八”说到新音乐运动》⑦,穆华的《歌曲是一面社会的镜子》⑧等文章中,他们从不同方面对民间歌曲进行广泛而深入的探索。在抗日战争全面开展之后,新音乐运动进入发展高潮阶段。李凌、孙慎、林路他们在重庆、桂林等地建立了新音乐社,进行新音乐的宣传和鼓动。同时,各地的抗敌歌咏队、抗敌演剧队、抗敌宣传队、战地服务团、孩子剧团等各种各样的抗日文化宣传团体,如火如荼。特别是他们在重庆国立音乐院成立“山歌社”,对民间歌曲进行搜集、整理、改编和演唱,出版《山歌通讯》和《中国民歌选辑》《五声音阶及其和声》等专集。许多人认识到

---

① 萧友梅:《关于我国新音乐运动》,《音乐月刊》1935 年 9 月第 1 卷第 1 期。
② 《光明》,1936 年 8 月第 1 卷第 5 号。
③ 《光明》,1936 年 12 月第 2 卷第 2 号。
④ 《新夜晚 · 音乐周刊》,1934 年第 12 期。
⑤ 《明星》,1936 年 10 月第 6 卷第 5—6 期合刊。
⑥ 《生活知识》1936 年 7 月第 2 卷第 5 期。
⑦ 《生活知识》1936 年 9 月第 2 卷第 9 期。
⑧ 《生活知识》1936 年 5 月第 2 卷第 1 期。

民族性与时代性的重要，如贺绿汀在《抗战音乐的历程及音乐的民族形式》所说，“中国是个地域辽阔、人口众多的国家，是个有几千年历史的国家，从南到北，从东到西，无论是语言、风俗、生活、习惯、民族性、社会组织等等，都有极大的差异。在这各不相同的地域里，蕴藏着几千年来遗留下来的无尽的民间音乐、歌谣等等，如昆曲、皮黄、梆子、大鼓、河南坠子等，大都是来自民间而富有极其浓厚的地方色彩。从现代音乐的立场来看，这些东西已不够代表新中国的音乐，但是这些东西是创造新中国音乐的最宝贵的泉源”，“在抗战时期，我们要用音乐来动员群众，当然我们需要民间歌谣形式。利用民歌，创造为民众所喜欢的新民歌，我们的目的是在动员民众，教育民众，提高民众的音乐水平”，要“创作无愧于我们伟大时代的史诗性作品”。①

延安的音乐运动更是热火朝天，与田间他们的街头诗运动交相辉映，共同构成延安文艺运动的灿烂景观。鲁迅艺术学院简称“鲁艺”，其音乐系先后成立了民歌研究会（1941 年更名为“中国民间音乐研究会”）、理论作曲研究会、音乐工作团、大合唱团、小合唱团、鲁艺乐队等组织。在他们的课程表上，无论是公选课还是专修课、必修课，都排列着“民歌研究”“民间文学”“民间音乐”等课程。他们开展了多种多样的研究、创作和演出活动，到农村、部队、学校进行新音乐的宣传，建立“边区音乐界抗敌协会”“延安作曲者协会”（后改为“边区作曲者协会”）等

① 《抗战音乐的历程及音乐的民族形式》，《中苏文化》1940 年 7 月抗战三周年纪念特刊。

组织，编辑出版《歌曲月刊》《边区音乐》《星期音乐》《民族音乐》等刊物。特别是鲁艺音乐系音乐高级班学生发起成立的民歌研究会，把民歌的搜集、整理、研究作为自己的主要工作，如吕骥整理的《绥远民歌集》在当时形成积极影响。不久，吕骥他们又采集到许多山西、河北和三边地区的民歌，吕骥特意亲手设计了民间歌曲记录整理格式表格。他们又成立中国民歌研究会（1940 年 10 月），继而又提出"加强民间音乐的采集与研究工作"，改名"中国民间音乐研究会"。安波、张鲁他们在对前线将士访问、慰问工作中采集到 400 多首民歌和大量的民间音乐、民间戏曲，以及马可他们组成的"眉户五人团"根据民间道情等音乐创作的《白毛女》，对于中国现代文艺发展产生重要影响。到 1942 年的 12 月，他们搜集整理的民间歌曲达 2000 多首，自 1942 年 12 月到 1943 年的 3 月，他们出版《民间音乐研究》《秧歌集》《陕甘宁边区民歌》《眉户道情集》《河北民歌集》等 10 余种民间歌曲集，同时还完成了《山西民歌》《江浙民歌》《河南民歌》《山东民歌》《东北民歌》等民歌集。

冼星海的《民歌与中国新兴音乐》原为《民歌研究》，他在这里集中论述了三个问题，即"从音乐观点上来看民歌""研究民歌与创作民歌的方法""民歌研究与中国新音乐前途"。他的民歌研究照他自己的话说，是受"曾看见刊载《北平文学周刊》的民谣研究"，其实就是五四歌谣学的影响；他对于"只有歌词而无歌曲"作为文学研究的状况提出自己的意见，说，"自从中国一般前进的音乐家提出了'新音乐运动'之后，不少大众化、民族化的新兴歌曲，由民歌的影响产生出来，今天我们提出从音乐观点上来看民歌，既可补充过去民歌研究的不足，而且更可促进我们中国新兴音乐的向更实际方面的发展”。他提出，“音乐工作者应该深入民间，尽量搜集各省各地的民歌，与大众一起生活，同他们一块唱和；考察他们的生活，用记谱法精确地记录他们的曲调与歌词”，“把所有搜集的材料要分门别类用科学方法整理”，“歌词与曲谱并重，它们是彼此联系的，不能偏重一方面”，并且特别指出“过去的毛病就是搜集民歌有词无谱，失去了它的生命”，“要从民间的艺术家那里学习”，“只有向民间不虚伪、不矫饰的劳苦大众去学习，才是条正路”，靠自己“吃苦耐劳的精神”，“吸收民歌的精华，创作真善美的民歌”，“通过民歌去了解民众”，“吸收民歌的优良艺术要素来创造更丰富的、更伟大的、最民族性，同时也是最国际性的歌曲和器乐曲”。[①] 在整个中国现代民间歌曲理论的发展中，冼星海的《民歌与中国新兴音乐》是一篇最系统而完整、最深入而具体的著述，应该说代表着中国现代民间歌曲理论发展的水平。

与之相媲美的是吕骥的《中国民间音乐研究提纲》[②]，他详细论述了“研究中国民间音乐的目的”“研究中国民间音乐的原则和方法”“民间音乐的范围”“应该研究的问题”等内容。相比而言，他在同时代人中视野更开阔。他特别强调对民间歌曲发展规律、特殊性及其相互间的关系的总结，强调对于民间歌曲形成的社会生活条件、历史传承、在社会生活中功能等内容的重视，强调实践的重要意义。他说，“研究中国民间音乐，既不应

① 《民歌与中国新兴音乐》，《中国文化》1940年1月创刊号。

② 《新音乐运动论文集》，新中国书局1943年。

该从狭隘的民族主义观点、本位文化或源泉论的观点强调中国民间音乐的优越性，因此认为只有民间音乐才是创造中国新音乐的源泉；另一方面，也不应该从科学的、进步的观点认定中国民间音乐只有落后性、原始性，否定其作为民族音乐遗产的优秀传统的意义与价值，因此认为只要全心全意学会了近代西洋音乐就能创造出中国的新音乐”，他以为这两种观点“都是不正确的”，提出要注意从生活出发，要注意“不同地方民歌艺人在表演上创造的特殊风格”。他把民间音乐包括民间歌曲分为“民间劳动音乐”“民间歌曲音乐”“民间说唱音乐”“民间戏剧音乐”“民间风俗音乐”“民间舞蹈音乐”“民间宗教音乐”“民间乐器音乐”八大类别，进而提出“一般理论的问题”和“专门的技术问题”，事实上就是基础理论问题与专业发展问题。直到今天，这些理论思想还有益于我们对中国民间歌曲的深入研究。

中国现代民间歌曲理论研究走过了一个世纪的历程，其生于忧患，直面现实，走进民间，深入民间，与人民同呼吸共命运，表现出崇高的学术品格。不仅仅是他们在研究方法上值得我们继承，更重要的是他们的研究立场与学术品格值得我们深入思索。特别是学科融合与交叉等方面，还有许多值得我们重新审视自我的内容。诸如全球化、信息化日益加剧，文化格局与文化观念多元并存，我们如何面对传统与现代、民族间的相互影响，民间艺术的生态保护，民间歌曲与时尚艺术，特别是如何对待以民间歌曲为主要内容的口头与非物质遗产的抢救与保护工作，有效而合理利用民间文化资源进行文化产业开发等问题；最为突出的是，相关学科建设与发展，汲取现代民间歌曲研究理论思想等问题。面对这么多问题,回顾中国现代民间歌曲理论研究的历史,是十分有意义的。

12

关于民间艺术生态问题

民间艺术的形成、发展与变化的总体意义上，存在着丰富多彩的内容，具体表现为艺术生态的存在形式。民间艺术与人文创作相互渗透，一个以现象作为社会事实存在，另一个则以个性形成特殊的符号，被不同的时间与空间单位所接受。它们都以一定的传播、传承形式存在，并表现出具体的个性内容。民间艺术生态要注入活力，更重要的是对技艺进行保护的同时，去自觉地调适社会需求方式，去建构、促进民间艺术生态的健康发展。应该说是没有比培养文化时尚，吸引更多的人对民间艺术的关注，更为便利的了。

民间艺术与民俗生活、民间文学，在总体上通称为民间文化。它们不仅仅存在于普通意义上的文化生活之中，而且以活的形态存在于社会生活之中，并被赋予多种功能、价值、意义。也就是说，在事实上，民间艺术的形成、发展与变化的总体意义上，存在着丰富多彩的内容，具体表现为艺术生态的存在形式。曾经有人类学家把社会发展比拟于生物的生长发育，受到人的质疑和批评;但不能不承认,人文现象确实存在着因社会多种需要,表现出类似于生物的生命历程一般的意义。当然,我们也看到有许多文化现象包括杰出的艺术品,超越了一定的时间和空间,表现出永恒的意义。民间艺术与人文创作相互渗透。这两种现象并不矛盾,一个以现象作为社会事实存在,另一个则以个性形成特殊的符号被不同的时间与空间单位所接受。它们都以一定的传播、传承形式存在,并表现出具体的个性内容。杰出的音乐家、美术家和戏剧家,都受到了经典的教育,但无疑又得到民间艺术的哺育,以个性的张扬体现出自己的存在方式;既然是个性的显出,它作为符号必须得到诠释才能以认同的条件,得到更广泛意义上的传播。所以,它们在叙事方式、叙述语言,包括阐释功能与条件、循环方式、审美思维等内容就有了更为特殊的意义。我们所关照的也正是与之密切相关的各种机制,尤其是生态意义上的机制生成与变化。

生态的意义不唯是文化的存在条件,而是社会生活,包括各种时代因素、自然因素、种族背景等具体内容。如我们解读《清明上河图》和《朱仙镇木版年画》这两类美术现象,就必须考虑到其生态意义上的构成(生成)。

读《清明上河图》,对其作者张择端,我们知之甚少。传记材料对于一个艺术家来说是相当有限的,尽管张择端可能有宣和画院的生活背景,或者宋徽宗对绘画与音乐有特殊的情感和倡导倾向。但我们从画面上可以感受到,其市井风俗的表现内容既不是凭空想象能形成的,更不是对市井风俗所做的简单描摹。宋人邓椿的《画继》对当时的艺术生活的记述,为我们理解宋代艺术生活提供了难得的材料。他提到一个叫“杜孩儿”的民间美术家,“其笔盛行而不遭遇,流落辇下”,因为缺少必要的社会展示空间即艺术显示的文化平台,没能为上流社会所认,所以也就缺少相应的社会地位,但是他的作品却受到宫廷画家的钟爱。还有一个叫“刘宗道”的人,其名著《照盆和童图》,“以水指影,影亦相指,形影自分”,他也是一位市井上卖艺的画家,“每作一扇,必画数百本”,而防他人临摹,“即日流布”。宫廷画家苦心孤诣于构思,在精致程度上确实很高,但其匠心独具之时也存在着许多题材、立意等方面的危机,他们要超越自我,不断发展,就要遵守“礼失求诸野”的文化艺术规律。所以,我们看到民间美术家的技艺受到宫廷职业画家的喜爱。他们相互学习,共同发展提高,市井的繁华、乡野的恬淡,都成为他们对艺术的想象对象,化为笔端的行云流水。以此为背景,我们看到的也就不仅仅是画风的流行,而更重要的是艺术的历史积聚对一代代画匠的训练(熏陶)。那么,在《清明上河图》中,我们便不难看到山西绛州的民间艺术杨威所作《村田乐》在京都汴城受到欢迎的原因。《清明上河图》所展示的是农耕生产条件下的市井生活,与乡村生活息息相关,所不同的是市井规模、商贩与人群所构成的各种生活场景,特别是以店铺为中心所展开的叫卖、聚汇、交通行旅等五行八作。《清明上河图》表现的不是一般的市井,而是“河市”,即依汴河而开市,桥头到城头,凉棚与遮阳伞,行人来来往往,与河中船只相峙;我们结合《宋会要·食货篇》《宋史·河渠志》《续资治通鉴长编》《东京梦华录》,以及《宋朝名画评》《图画见闻志》《图绘宝鉴》等文献,便较为容易钩沉相关史料,管窥张择端“幼读书,游学于京师,后习绘事,本工其界画，尤嗜于舟车市桥郭径，别成家数”①。而张择端的画作自然也不仅仅一幅《清明上河图》，更不用说他“游学”时对市井美术生活的理解，应该说《清明上河图》是宋代艺术生态的产物，其中包含民间艺术生态所形成的各种影响因素。

《朱仙镇木版年画》首先是我国古代木版画的传承结果，其次才属于开封朱仙镇及其民间艺术生态机制的发展。在年画内容上，我们不能够确切地指出哪些是宋代直接传承的，但是，从宋代到明清，到今天，这中间肯定是有联系的，这种联系因为考古、文物、文献等材料的限制，我们缺乏确凿的证据，只有尽可能去通过想象、演绎等方式去探究了。人类学的进化论思想或许有助于我们解读这种联系，但我们仍然不能做出某种肯定的结论。我们从史籍中可知，宋仁宗时代毕昇发明活字印刷术是一件非常重要的文化创造，直接影响到艺术传播的媒介材料与传播方式，当时的开封、杭州、建阳、眉州是有盛名的雕刻印刷中心，然而活字印刷对雕刻技术的冲击有多大，我们仍然缺少必要的材料。较早记述年画木版雕刻及其印刷内容的文献是沈括的《梦溪笔谈》，其中谈到最迟在“熙宁五年”（1072）出现宫廷中“令画工摹拓镌版”，由皇帝发布命令“印赐两府各一半”，“是夜除夕，遣入内供奉官梁楷，就东西府给赐钟馗之像”。那么，这里“钟馗之像”是否就是今日“钟馗之像”呢？未必是，未必不是。孟元老在《东京梦华录》中的记述更为详细，他提到京师“近岁节，市井皆印卖门神、钟馗、桃板、桃符，及财门钝驴、回头鹿马、天行帖子”，“日供打香印者，则管定铺席人家牌额，时节

① 《石渠宝笈三编》注录张著“跋”。

即印施佛像等”。另有《枫窗小牍》记“靖康以前汴户家中门神多番样,戴虎头盔,而王公之门至以浑金饰之”;《老学庵笔记》《武林旧事》等文献则记述“都下”即京师南徙之后受汴京木版年画的影响,诸如“自十月以来,朝天门外竞售锦装、新历、诸般大小门神、桃符、钟馗、狻猊、虎头,及金彩镂花、春帖幡胜之类,为市甚盛”,“腊月交年,市井迎傩,至除夕,以迎送六神于门及贴天行贴儿财门于楣,祀先之礼等事,率多东都之遗风焉”。[1] 文化传播需要艺术潮流、思想潮流的推动,一种文化形态与历史和社会的联系其主导因素是多方面的;我们据此很难说今天开封朱仙镇木版年画就是宋代汴京木版年画的遗留,也很难说它是汴京遗民自南迁之后又返回故地所遗留,我们只能说在历史长河中它们有联系,而更重要的是它作为艺术存在在今天的价值与意义。今天的开封朱仙镇木版年画应该是明清时期的遗存,或者更具体地说是民国以来的遗留物。甚至与其说是朱仙镇作坊规模的拓展影响了年画的发行即传播的范围,倒不如说是开封古城的文化生态带动了这一民间艺术生态的重要变化。开封曾经是我国重要的戏曲艺术中心,在一定历史时期会聚了丰富多彩的民间艺术,成为朱仙镇年画得天独厚的艺术来源。朱仙镇在航运上的方便,同样会聚了丰富多彩的民间艺术资源,为朱仙镇木版年画提供了直接的创作素材。当然,在朱仙镇这一特殊地域由于某种原因而聚集一批民间木刻艺人,并且形成一定的规模,则是朱仙镇木版年画繁荣昌盛,形成自己特色的基本原因。朱仙镇的繁荣是其河运历史条件所决定的,但是这一

---

① 《武林旧事》卷四《都下》条。

历史时间因素又以开封为背景，从我们对开封与朱仙镇两地年画生产情况可看到，两地互相补充，共同营造了这一民间艺术生态。当河运衰微时，朱仙镇的年画仍然保存着，它的年画社“天成”“老店”“天义”“德源”等名号作为典型的文化品牌，成为年画这一民间艺术的重要辐射中心；开封是河南省的重要文化中心，长期形成这一年画生产基地，诸如“福盛长”“云记”“汇川”“振源永”“天福利”等名号，形成更大规模。朱仙镇的年画社由于制作便利等因素，有一些艺人迁徙到开封市内，但朱仙镇的年画作坊仍然存在着，而开封城内的年画制作仍然要冠之以“朱仙镇”的名号，尽管其规模、制作工艺、销量等条件远远超过朱仙镇——这就是民间艺术生态所决定的。文化品牌在民间艺术作为产业的运行机制中常常尊崇历史因素，这不仅仅是受民间艺术传承中以徒为子的习俗影响，而且更重要的是其生产方式与传播规律所决定；民间艺术形态以生态的形式存在和发展，正是建立在这种传承即传播、传播即传承的运行方式之上。尤其是民间艺术生活中的“感受”，在更多的时候它需要借助特殊的方式，甚至只可意会，很难简单地用语言或文字表述。民间艺术生态面对的，除了这些内在循环机制之外，它还受制于一定的节日等社会生活因素，即社会需要需求对民间艺术生态在技术、题材等方面的重要影响。今天我们在对口头与非物质遗产进行抢救与保护，面对的最大的困难就是这种因素，尽管我们全社会都倡导积极主动地去发展民间艺术，维护民间艺术生态的发展机制；民间艺术生态要注入活力更重要的是对技艺进行保护的同时，去自觉地调适社会需求方式，而这种调适工作其实仅仅靠个人或学术团体、社会团体的努力是相当不够的，它需要从多方面去努力。特别是我们要看到，民间艺术生态的地域性、时代性特征，它可以永恒存在，但并不是所有的民间艺术都能保持永恒存在；在历史上，民间艺术作为文化品牌被社会接受时，它其实是社会的时尚，它并不是遗产，即使在今天，它被社会更广大群体所接受时，同样有时尚的成分。那么，保护、抢救民间艺术，仅仅在遗产的意义去对待其生态，我们常常会感到尴尬，即它的消失比我们所感觉和理解的要迅速，因此，记录其内容，包括其生态的多种内容记述与必要的技术处理，就成了我们尤为重要的任务。特别是在培养文化时尚，借以传承、传播民间艺术的文化生态重构中，我们所做的工作尽管是很必要的、很重要的，但我们不得不承认，这又是极其有限的。如何建构或促进民间艺术生态的健康发展，应该说是没有比培养文化时尚，吸引更多的人对民间艺术的关注更为便利了。

我们许多学者强调要特别重视对民间艺术生态的保护，有意或无意地抵制对民间艺术生态的改变。这在事实上是不可能的。即使是民间艺术生态得到所谓的保护，其“原汁原叶”也是很难想象有多少真正的原始成分。在我们进行合理利用、开发民间艺术资源，形成文化产业时，许多学者埋怨民间艺术进入产业就已经死去；的确如此，但是仅仅将其保留在观赏和博物馆保存工作上，其生存空间又是相当有限的。最适宜我们保护民间艺术生态的有效方式，恐怕在相当长一个时期仍然是多元并存，即首先在历史档案的意义上进行尽可能详细、完整的记录与保存；其次是培养成文化时尚，吸引或者争取更多的人来关注、支持我们对民间艺术生态的保护；再就是有效开发，合理利用，深入而全面地研究。我们要正视民间艺术生态应该在整体上保护、在局部上开发的现实，一定要明白民间艺术脱离社会需求就会自然灭亡的道理和规律，在发展中保存，在保存中发展，通过研究搞好抢救与保护；在维护传承与传播的机能的基础上合理开发，培养其生态构成中新的文化发展机制，增强民间艺术生存与其他文化生态的有机联系。

13

黄河流域民间文化类型及其分布

在论及黄河流域这个概念时，我们总是十分自然地想起司马迁的一句话，“昔三代之居皆在河洛之间”。“三代”其实就是上古，或称远古，是泛指。“居”，我意即墟，即古代神仙之墟。今天，我们大谈民族国家，谈文化多元，谈的论题都是有意义的，而问题在于谈论者总是有意抹杀，或者回避河洛文明作为历史文化中心的地位及价值。一些学者似乎要坚决摒弃这一内容，论及中原这个概念时愤愤不平，甚至杜撰出一些荒唐的套论。但无论如何我们要看到黄河流域在一定历史阶段的独特意义，尤其是它长期对中国文化发展的中心辐射作用，应该说，这与在总体上理解中华民族的文化多元构成是并行不悖的。直到今天，我们仍然可以说，不研究黄河，就不能真正懂得什么叫中国。在这种意义上讲，黄河文明影响下的民间文化，在其类型及其分布的内容上，也就有了原始性、古典性等传承背景下的特殊价值。今天，我们大力提倡民族文化复兴，以什么为底线？在哪里寻找文化立足的基点？应该说，十分有必要重新认识黄河流域的文化构成及其分布等问题。

黄河流域在地理分布意义上讲，它包括黄河所流经的青海（源头）、四川、甘肃、宁夏、内蒙古、陕西、山西、河南、山东（入海口），统称为黄河流域。这一地域的民间文化所显现出的类型性特性，首先是和自然地理因素密切联系在一起的。但有一点要指出，我们今天所面对的这一地域的民间文化，是现在时态的，是历史传承的结果。从地望上我们可以看到，崇山峻岭挟裹着广袤的平原，黄河曲曲折折，一直伸向东方的大海，而这些在地质发育历史上则都是阶段性产物——特点是华北大平原，与黄河的形成与发展变化一样，经过了相当长的一个时期。那么，生于斯、长于斯的人民也就自然形成了对黄河的依赖。有研究者言，5 亿年前，从青海到山东都由浩瀚的水覆盖着，“今黄河流域的前身（华北—域里木古陆）在久远的地质年代里，曾是东、南、西三面临海，湖泊星罗、峰峦棋布的地区，一派热带与亚热带风光”，“古生代至中生代中国不断发生造山运动，南部、东部的山川逐步形成”，然后，华北与西伯利亚—蒙古大陆形成对接，又与亚洲大陆对接，包括著名的“燕山运动”，出现“青藏高原以及广阔的西北地区隆起上升，从而形成高山峻岭，而东部边缘又出现东海等海域，这塑就了现代黄河流域的地貌格局”。[①] 泥沙的形成及其变化，直接构成了黄河流域人民的生存背景。也正是在这样的基础上，土，既是民族的徽帜，又是被赋予深刻而丰富内涵的文化系统——底色。应该说，我们不是简单的地理决定论者，但是，民间文化确实是自然地理最为直接的生成物。这

① 景敏：《黄河吁天录》，广州花城出版社，1999 年版，第 17—18 页。

就是我们所讲的得天独厚，俗语把它概括为一方水土养一方人。黄河水、黄土地，滋养了中国人，同样，滋生了这一广阔流域的民间文化，从而与长江等流域形成对比，共同构成整个中华民族的文化框架，进而与埃及、巴比伦的流域形成对比，构成全球格局的文化多元态势。我们的民族文化格局形成以此为重要出发点，面向世界，在与世界各民族的交叉、碰撞、融合、对峙中体现出自己的特色。

按一般的分类，民间文化包含三个基本部分，即民俗、民间文学、民间艺术。这三者在事实上是一个整体，即民间文化生活，它体现出这样三个方面，各部分之间常常是密不可分的。为了研究的方便，也因视野的限制，我们才把它割裂成不同的部分，这是无奈之举。其类型的表述，在实质上确实包含着虚拟的成分，但就目前而言，对于文化研究，包括民间文化研究，我们只好如此。

游牧文化背景下的民间文化，以青海、甘肃、宁夏、内蒙古和陕西这几个地区最为典型。游牧文化的产生当然离不开游牧民这个基本的文化发生主体，而游牧民作为基本群体又是游牧这种生活条件、生产条件即生存条件的具体表现内容。这几个地区尤适合游牧民，于是便出现了以游牧为重要内容的民间文化。什么叫游牧？游牧就是从事畜牧、不定居的生存状态。至于为什么黄河上游地区出现以游牧为主体的游群，这不属于我们讨论的范围，我们更多的是关注其存在形式。显然，适宜于表达游牧民生活的民间文化便在一定的生产条件下越来越显示出其个性。从古代文献的数量来看，这几个地区的文献材料相对稀少（居延汉简、敦煌文书除外，另议），而这里的岩画等材料则较丰富,民间口传材料也同样丰富。地域作为文化背景,在界限上是相对模糊的,很难十分精确地用具体数字来表达;作为文化类型,同样是相对划分的,更何况移民等因素直接影响到民间文化的传承方式和传播范围。黄河上游的民间文化类型所呈现的游牧文化特征,有两个高原作为承载密集处,一个是青藏高原,一个是黄土高原。在黄土高原上,游牧与农耕的联系更为密切,我们通常称之为农牧,是过渡地区。其典型在青藏高原,黄土高原虽然也有游牧的成分,而更突出的是农禾,是对农耕生产方式的必要补充。

青藏高原在传统的文化记忆中是昆仑神山的所在地。人们论及黄河时,也常常讲到"河出昆仑"。《禹本纪》和《山海经》等典籍都曾提及这一传说,后人如郦道元在《水经注》中虽然提出疑问,而限于科学考察的条件,则未能给人以满意的答复。于是,越往后越是有更多的人对《禹本纪》和《山海经》提出批评;同样,拿出证据的人少。真正解决这一问题的是现代科学考察,经过数十年的勘察,在地理上基本确定"河源"。不论这一结果如何,这一现象都表现出民间文化的发生规律和传播规律。那么,青藏高原的自然条件也就决定了黄河上游民间文化典型的存在状态。近世记述这种内容的文献,主要有《最近之青海》(1934)、《青海风土记》(1933)、《青海志略》(1943)和《青海》(1945)等。这些典籍具体记述了这一地区民俗生活和民间文艺的存在形式。如《青海风土记》所述,其"部落住在地全系平原,数十里、数百里大小不等,总不在数里大的平原中驻扎。四周大山包围着,水道四通,野草茂盛。每到一处,约经两三月光景。因为两三月以后,野草被牛羊吃得不好了,不能不到别处迁移”①。《青海》中记述尤详：

> 蒙藏人亦常以气候而转移。夏日于大山之阴，以背日光，其左、右、前三面则平阔开朗，水道便利，择树木阴密之处而居焉；冬日居于大山之阳，以迎日光；山不宜高，高则积雪，亦不宜低，低不障风，左右宜有两峡道，纡回而入，则深邃而温暖；水道不泌巨川，巨流则易冰，沟水不常冰也。②

在这样的民俗生活氛围中，其民间文学、民间艺术自然表现出相应的姿态。如河州大令《上去高山望平川》、酒令《尕老汉》、水红花令《河里的浪头翻三翻》、仓郎郎令《一对鸽子虚空里飞》、保安令《把远山拉远山》、尕阿姐令《羊吃了路边的草了》等。“令”即曲，有大令、小令，大令篇幅长，旋律平衡。酒令《尕老汉》是流传于青海东部的一首小令，句中的唱词在郑州地区也有流传（我亲眼见到地方百姓载歌载舞），但旋律有了很大的差别。更为突出的例证是青海民歌《四季歌》，分别吟唱“春季”——“水仙花儿开”，“夏季”——“石榴花儿开”，“秋季”——“丹桂花儿开”，“冬季”——“雪花满天飞”。每一段衬词都是“小呀阿哥哥”，与内地流传的《小放牛》颇为相似，一问一答。但是，差别就在旋律表现方式上，青海民歌明显具有高原特有的气息。诸如此类的现象很多，其地域差别在很大程度上只可意会而不可言传。将之与昆仑神山的意境相联系，我们很容易找到其共同的气息——那种神秘氛围中显现的自由、奔放的音乐色彩。将之与甘肃的花儿、陕西人信天游等民歌曲调相

---

① 《青海风土记》(1933)，转自丁世良、赵放：《中国地方志民俗资料汇编·西北卷》，北京图书馆出版社 1997 年版。

② 《青海》，商务印书馆 1945 年版，第 289 页。

比，可以看到它们在音乐表现方式上体现出整体上的一致性，即“西北味儿”。这就是黄河上游地区民间文化在类型上的具体性显示。

中游以降，即中上游、中下游地区，以河洛为核心，民间文化表现出与上游地区迥异的风格。在这里，我们感受不到青藏高原特有的空旷，诸如岩画等原始般野性的氛围，我们所能够感受到的更多的是古典意义上的人文所具有的文化气息，其突出的特点就是文明发展的相对成熟，以一大批神庙遗迹为典型。其中，古典神话群的分布构成一道特殊的风景。①

关于古典神话问题，年轻一代的学者们提出许多新说。问题集中在神话的存在形态上，相当多的论者怀疑神话存在的当代的可信程度。现代神话学理论建立之后，文化人类学理论产生了很大影响，即学者们认识到野蛮之民保存的神话传说，与开化之民昨天的历史存在是完全一致的。于是，闻一多、黄逸夫他们在少数民族地区发现的原始神话，也就有了更为特殊的价值和意义；中原神话的发现曾引起学术界的积极反响，被钟敬文誉为“神话学的新方向”。但是，钟敬文去世后，中原神话首当其冲，遭一些年轻学者的质疑，甚至是谩骂！其实，神话研究和其他学科一样，见仁见智，大可不必如此动肝火。在这样的背景下，更有必要提出黄河流域民间文化中的神话问题。神话的概念，阐述方式不尽一致，阐述内容当然不可能相同。一个突出的问题，神话只在原始时期出现吗？如果不是，那么后世可以产生

---

① 高有鹏：《民间庙会》，海燕出版社 1997 年版。另见程健君：《民间神话》，海燕出版社 1997 年版。

神话，它又如何不能在今天作为“残留物”而存在呢？我以为，以此为背景来理解黄河中游，包括中上游、中下游地区的古典神话问题是极其有必要的，这可以拓展我们的视野和思路。

神庙在中国文化发展中向来具有集散地的意义，其生成、毁坏、重建及其在不同地区、不同人群记忆中的表现，都不是一个单纯的信仰问题。在这种意义上，它和家谱的意义有相当多的一致性，其功能自然是尤为丰富的。这里涉及材料使用问题，文献是唯一的吗？文物的意义如何解读？口传材料如何使用——特别是如何甄别其实在性？无论怎样讲，神话的存在及其传承、传播都有其特殊性，可以说，谁希望用一种方法去完全述说它都避免不了是一种偏颇。

列举黄河流域的神话传说遗址，我们可以看到，以神庙为标志，存在着一系列的神话群。甘肃天水有伏羲庙，农历正月十六日有庙会；甘肃泾川有王母宫，农历三月二十日有庙会；陕西临潼马列主义山有女娲庙，农历正月二十日、四月八日、六月十五日分别有庙会；陕西宝鸡有炎帝祠、炎帝陵，农历七月七日有庙会；陕西黄陵县有黄帝庙、黄帝陵，农历清明、重阳举行庙会；陕西白水有仓颉庙，农历谷寸有庙会；陕西蒲城尧山，清明有庙会；陕西岐山、凤凰山有周公庙和姜嫄圣母祠，农历三月三日有庙会；山西平定东浮华山有伏羲女娲庙，农历三月三日有庙会；山西浮山有尧庙，农历三月二十八日有“帝尧圣寿”会；山西临汾玉林村有尧庙和尧陵，农历清明、中秋有庙会；山西高平有炎帝行宫，农历四月八日有庙会；山西平顺有禹王庙，农历正月十五日有庙会。后土庙、成汤庙等庙会更多。河南号称中原腹地，神庙更多，与前面所举神庙及庙会一样，形成更为庞大的古典神话群。长期以来,我们坚持以中原地区为基本范围的民间文化考察,对此感受更为深刻。豫西地区分布着以新密、新郑为中心的黄帝神话群,诸如溱水、洧水流域的黄帝宫、黄帝庙、大隗山、风后岭,灵宝的黄帝铸鼎原等;豫东南以淮阳、西华、上蔡为中心,分布着伏羲、女娲神话群,淮阳有伏羲陵,西华有女娲城,其中的淮阳太昊伏羲陵庙会从农历二月二日到三月三日,规模宏大;其他如灵宝的夸父山神话群、商丘的瘀伯神话群、淮阳的神农台神话群、济源王屋山的王母神话群和濮阳帝喾、颛顼神话群等,更不用说河南各地流传的大禹治水神话群,几乎在每一个城镇都有禹庙。我国原始大神中的所有神祇,在中原地区都有活性生态的存在。对于这一点,质疑者一个突出的论点是:凭何认定目前流传的形态就是从上古开始流传下来的。这中间确实存在着层累构成、人文影响等内容,但是,其主体是完全融入民间文化生活系统之中而表现出原始信仰,包括原始思维的意义。他们仍然恪守着《古史辨》学派的疑古原则。神话的流传在时间单位中是完全有别于历史事件的;征诸文献,很多神话是没有认定产生、存在的基本依据的,因为一个重要因素就是民间文化的传播系统和文字传承是各自独立存在、并行不悖的。举一个很简单的例子,在记忆传承中,对于前代人的认知,我们能看到祖父一辈,他们的生活便成为我们面对并确认的事实,而对于祖父的祖父呢?他们与我们相隔过于久远。他们的生活可能,也应该是祖父辈所确认的事实,那么,对于我们而言,这是否就意味着拒绝承认呢?同样的道理,神话的记忆也是这样传承的。似乎这样谈论有一些武断,但是,当你走进民间文化世界,具体感受到民间对远古大神如此接受的场景时,一味从文献出发,尤其是从概念出发,用一种虚拟的理论系统去套这浩如烟海的民间世界,只能是对于许多问题束手无策。在这一点上与20世纪三四十年代神话研究相比,今天的学术品格很难说是一种提高。这就是我们一再强调的,田野作业的深入是民间文学研究的生命。

从黄河中上游的陕西、山西到中下游地区的河南、山东,我们可以看到中国古典文化的重要集结,而同时,这也常常影响并融进民间文化之中。其中,有关历史人物的传说,同样有着民间信仰的接受与再创造。如,司马迁是一位历史学家,陕西韩城县芝川乡建有其神庙,传说农历二月初八日是其生日,民间百姓为其举行庙会祭祀作为纪念。韩愈是一位著名的文学家,河南孟县(孟州市)建有韩愈祠,每年农历三月十二日,当地百姓举行庙会。其中最富有特色的祭祀仪式是在韩愈祠和韩愈墓园的挂红灯之举,夜幕降临,成千上万盏灯笼聚集而来,表达虔诚的敬意。这种情景在许多庙会上称为“暖会”,可能有高禖崇拜遗存的意义,而在这里却明确体现出韩愈已成为民间敬祀的神灵。更不用说老子和孔子,这两位著名的思想家早已在民间信仰中被奉礼为庇佑人间的大神。如河南鹿邑是老子家乡,建有老君台和太清宫,每年农历二月十五日举行庙会;老子庙遍布中原,或作为道教神,或作为祖师爷,享用香火奉祀。山东曲阜是孔子的家乡,建有庞大的孔庙建筑群,与官祭相对,民间百姓在此处和尼山孔庙等地举行庙会。山东邹县是孟子的家乡,建有孟庙,称为亚圣庙,每年农历正月十六日有庙会。在各地更多的是对一些杰出人物的庙祀,其中不乏一些文人学士。这些都表现出人文传统与民间信仰的有机融合与化生。当然,这些民间文化形态(类型)都是在农耕文明的背景下形成和发展的,从某种意义上讲，它是我国农耕文明的一部分，同样是黄河文明的一种重要类型。

黄河下游地区作为海洋文化的典型，集中在山东尚海。黄河流域，尤其是中下游，作为历史地理的概念，它是具有不确定性的。这是因为中国治水史、救荒史上一个尤为突出的现象是黄河改道。正因为改道，我们理解其黄河入海口便成为海洋文化的一个重要基点。这里应该强调的是，不论黄河在哪里入海，它都赋予海洋文化以新的内容，从而形成与长江、珠江等大河三角洲显著不同的历史与时代的文化成分，同时，也与中游地区农耕文明的历史存在背景形成特殊的联系形式。也就是说，作为海洋文化类型，它要面对大海，而它依靠的是以土地作为耕种为基本生产方式的农耕文明。在这一点上，我国三大流域应该是一样的。当然，黄河流域有自己的独特性，其海洋文化也随之表现出相应的特殊性内容。与东南尚海地区不尽相同的是，黄河新旧入海口对龙王的崇拜要远远盛过对妈祖的崇拜。济南以下，历城、济阳、齐东、滨州、利津，包括整个莱州湾的黄河冲积扇平原（尤其是神仙沟、甜水沟一带为集中地），道教文化具有绝对优势，其中的泰山神崇拜，特别是碧霞元君的民间信仰，是黄河下游地区民俗生活中极其突出的一个亮点。① 其次是玉皇、八仙和龙王等神系，弥漫进民间文化生活。同时应该指出的是，作为黄河流域民间文化的一个组成部分，在这一地区，黄河水流对于民俗生活的具体影响已经失去其绝对决定性意义。也就是说，从陕西壶口到山东东明这一带才是黄河流域的最危险地段。

① 俞异君等：《山东庙会调查集》，济南山东省立民众教育馆，1933 年。

其中,壶口到河南孟州一段只是地质上的典型;从孟州、黄河北岸堤坝的西端起点到兰考东坝头,这之间黄河水最为凶险,诸如"铜头铁尾豆腐腰"的开封、造成千万人流离失所的郑州花园口等,是黄河流域安危所在的焦点、极点,民间文化也因之发生变化。与之相对比,山东半岛更多受到海洋性季风气候的影响,土壤和水文的性质都与中游、上游有着显著不同,人文也当然随之有相当大的区别。而这种状况,又是中国海洋文化的一种新的典型。

黄河流域民间文化的支撑点在于民间信仰,沿河都是以此为背景形成的民间文化群。20 年前我曾经把这种现象概括为语域,即一定的民间文化形成依赖语言形成的特有的影响区域。[①] 我认为,这在今天研究民间文化类型时仍然适用。在语域中,民间文化类型之间相互依存,相互影响,很多时候我们对之难以进行十分精密的划分,而只能进行大致(模糊)的估计。但即使是粗略的估计,也应该以尽量广泛深入的田野作业为基础,离开这样一个基础就无法进行真正科学意义上的民间文化研究。

今天,民俗学的发展进入一个混乱时期,一些并不完全懂得学科发展历史的人说什么"究途末路""失去独立学科地位",甚至哂笑他人艰苦卓绝的田野考察,一味强调拥抱理论,似乎其近于臆说的理论才是学术的终极目的。这些声音在民俗学发展中是有其存在必要的,但它绝不是什么福音。民俗学理论与方法的发展不是一朝一夕就能尽善尽美的,有许多问题是几代人才

① 高有鹏:《淮阳太昊陵会考察报告》,《民间文学研究动态》1985 年第 6 期。

能解决得了的，问题在于如何理解这个学科的独特性。诸如民间文化的阐释系统、价值立场、思维机制等，还有相当多的基础性的内容我们尚未懂得，又如何谈论学科的发展呢？特别是民间信仰的特殊意义，它在民间文化中的存在和它在社会生活中的存在是不完全一样的，而且，我们研究民间文化，也未必只能从某一种角度进行，也不应该仅仅从某一个学科或一种理论视角来概括民间文化浩如烟海的世界。黄河流域的民间文化类型及其分布的问题也是同样，这一课题的研究要借助的手段和方式有很多，但怎样研究，都离不开实地考察、亲身感受和理解的基础。或许，在我们考察中会遭遇到像一些文化人类学家得到的假资料，但这种走马观花、蜻蜓点水式的工作事实上也是有意义的，那就是有比没有要好，做总比不做强得多。一味依赖他人的作业成果，只能完全陷入被动，而真正的科学资料的获得，也只能在田野。如果仅仅因为一部分田野作业失真、肤浅而不尽如人意，便拒绝这一基础性工作，那么，学科建设又从何谈起呢？

14

民国时期黄河流域民间文化考察活动

民国时期对于黄河流域的民间文化的社会考察，是我国文化史、学术史上的重要事件，因为保卫黄河等同于保卫中国，研究黄河也就等同于研究中国。其发生背景有二，一是乡村教育运动在这一特殊地域的影响，二是抗日战争中文化工作者搜集整理民间口头创作，宣传民族团结，拯救民族危亡。二者虽然在目的、方法上有所不同，但其意义都是非常重要的，即他们将这一地域鲜活的历史进行了有效挖掘与保存。这对于我们今天的文化史、社会史、民俗史研究具有十分重要的意义。

黄河流域的民间文化作为特殊的历史文化遗产，在我国文化发展史上具有十分重要的价值。如司马迁言，“昔三代之居皆在于河洛之间”（《史记·封禅书》）；河、洛，就是黄河的中游地区，迄今为止，我们仍无法怀疑或否认这里对中华民族形成的核心意义。那么，在这片土地上所发生的重大历史事件，及其对整个黄河流域不同历史时期的居民所形成的影响，以记忆的形式在民间文化中的存在，对于我们理解中华民族性格命运的作用……考察这些内容就显得格外重要了。保卫黄河等同于保卫中国,研究黄河也就等同于研究中国。在20世纪的二三十年代,以民间文化为主要内容的社会考察,这一方法的出现应了两种传统,一是我国古代的“行万里路”,一是西方学者主要是人类学家的重视“不识字的野蛮人”的生存状况。其直接的发生背景,则是随着近代化的发展,西学东渐,包括社会学理论在内的西方社会思潮东进,出现新的学术方式。这里首先是乡村教育运动,其次是抗日救亡运动,都不同程度地体现出“面向民众”“面向社会”的文化自觉意识。特别是其文本的形成,对于文化史、民俗史、民间文艺学、社会学等不同学科的意义都是相当珍贵的。

高文典册唯尊,是我国重要的史学传统。普通民众的生活受到关注,甚至被重视到一定高的程度,应该说这是科学和民主思想洗礼的结果,即“目光向下”的文化立场;其重要开端便是五四歌谣学运动和现代民俗学运动。在五四歌谣学运动中,北京大学的一批学者,以刘半农、沈兼士他们为代表,发起了向全国征集近世歌谣的活动,成立歌谣研究会,创办了《歌谣周刊》。[①] 他们提出搜集歌谣的目的有两个,一是“为文艺”,一是“为学术”。[②] 所谓“为文艺”其实就是为新文学提供范本,就是为新诗寻求一种范本。郭绍虞提出要特别重视民歌在文学史上的地位,发表《树歌俚谣在文艺上的地位》,[③]代表了当世文学革新目光转向民间的声音。对于文化史的意义来说,重要的是

---

① 刘半农:《国外民歌译·一》,上海北新书局1927年,第1页。

② 《歌谣周刊》,北京大学歌谣研究会1922年12月17日《发刊词》。

③ 《晨报》,1920年8月21日“副镌”。

“为学术”的主张，如时人所言，“认定歌谣是民族心理的表现，含蓄着许多古代制度仪式的遗迹”，“可以从这里边得到考证的材料”。① 这也应了我国古史撰写体例中的“五行志”的治史方式，与现代民俗学运动中顾颉刚他们高喊“建立民众的历史”是一致的。顾颉刚说自己“对于歌谣的本身并没有多大的兴趣”，而是“想借此窥见民歌和儿歌的真相，知道历史上所谓童谣的性质究竟是怎样的”。② 在这两种热潮的影响之下，学者们不同程度地展开了对民间文化的实地考察，较早的便是顾颉刚等人对妙峰山这一京郊地域民间庙会的考察；既而，在知识界自觉或不自觉地兴起了“风土记”的文体。以此为背景，走进民间社会，获取典籍之外新的历史文化资料，便发生了具有一定规模的学者们对于黄河流域民间文化的考察。

黄河流域是一个较为宽泛的概念，它包括上游、中游、下游多个地段。但是，从更为集中的一个方面说，其中的四川省受黄河的影响并不十分明显，所以我们较多地把黄河流域特定为与长江流域相对的北方广大地区。事实上，在我国传统文化的分野中，南方与北方在文化性格等方面也是有很大差异的。

青海是黄河的上游地段，这一地区的民间文化包含着多民族的成分。20 世纪 30 年代的前半期，周振鹤等学者对这一地域的民间文化的考察卓有成效，出版了《最近之青海》(1934)、《青海风土记》(1933)、《青海》(1934)等著作，包括此前的《玉树调查记》(1920)与此后的《青海志略》(1943)等不同形式的

① 周作人:《读〈童谣大观〉》,《歌谣周刊》第 10 号,1923 年 3 月 18 日。
② 顾颉刚:《古史辨》第一册《自序》,古籍出版社 1982 年影印版,第 75 页。

著述，与我国古代典籍中的“吐蕃”记述相应，构成青海这一特殊地域的民俗画卷。其中《青海风土记》[①]的记述尤为细腻，它从“服饰”“饮食”“居住”“迁徙”“信仰”“集会”“婚姻”“生育”“丧葬”等方面，详细记载了青海地区各民族的生存状况，是我们了解民国时期青海地区社会、经济、文化发展的重要史料。

如《青海风土记》对“自由恋爱”的记述，不无偏见地述说道：“青海人民把男女私交看得不甚紧要，所以男女自由恋爱毫无忌惮，也不知羞耻、贞节为何事。一夜缠头，不过洋布一丈；他们父母又认为一种生产事业，挣得布来，逢人便说。男子又十分豁达，娶妻不问完璧与否。老婆有了孕，正正堂堂生了下来，她的丈夫也不去算算月日果否相对”；“青海人民，又把男女居室的一事当作不可缺少的一件事，所以，没有娶妻、没有嫁人的，都有情人。山阿水干，无处不可幽会。男子与女子终日游戏，没人干涉。头目人等，夜夜引他人妇女来侍寝……”活脱脱是我国上古时代一幅桑间濮上的写真。在《青海风土记》“任意婚”的记述中，作者较为合理地解释道：“父母爱他的女儿，不忍叫她出门，家中没有男子，留她立门当户。女子担任家务，异常劳苦，父母为着财产，不愿叫她出门；若是招了婿，又恐怕仍免不了祸水，于是想出一种特异的婚姻方法，等女子到了十五六岁，便把女子的发辫改作妇人的发辫，认为业已成婚。于是生男养女，一如平常妇女，也不问由哪里来的。所以生下子女，不知哪个是他的父亲，连他的母亲也说不清是哪一个，这叫做‘任意婚’。”这既不同于群婚制，也不同于阿注婚，但确实带有远古婚姻形成的

---

① 商务印书馆1933年出版。

遗存痕迹。

《青海风土记》尤为详细地记述了唱歌与青海人的密切关系。在《青海风土记》“小儿之游手好闲”中提到“青海民族，父兄对子女没什么教训，小儿也没有什么学习，所教习的，人只有一件，就是唱歌”；在《青海风土记》“婚礼”述及“青海民族的嫁娶婚”时，又提到“原来青海女子，自从会说话就学唱歌，到出嫁时候，也没有不会唱的”。他们的嫁娶婚在在礼制上同中原地区汉民族一样，有纳采、亲迎等程序，所不同者就是在“迎娶”时，“新娘骑着马，放声高歌；她的声音又婉转，又清脆，令人听着不厌”，其“所唱的歌词”都是“夸两姓之好，伸谢傧相，写风景，抒心愿，决不涉及淫邪”，“至于歌的体裁，和中国古诗兴比赋三体大致相同，而尤以比体为多”，同时，新娘的歌唱效果成为社会文化认同，评价她“性情的好歹、智力的强弱”的基本尺度。在男家的筵席上，同样是无拘无束地歌唱，“一味以唱歌取乐”，此时，“女子唱时，手持男子高帽，一面歌，一面舞，由半人的座位起，以次历各人面前，逢着意中人，将帽置之怀中。那男子便起身答唱，仍将高帽搁在能唱的女子怀中，那女子又复起身答唱”，如此“循环往复，没有中止的时候”，“初则喜曲，继则变为酒曲，终则淫词邪调冲口而出”。

《青海风土记》由此总结为“青海人性情强悍，喜饮酒，好杀人”云云，称“他们是游牧民族，所以把牛羊身上的东西（看得）非常宝贵，连牛羊粪都要宝贵，决没有一点嫌恶的意思”。所有这一切，都是第一手资料，迄今仍是我们研究民族史的珍贵资料。

在黄河上游地区的民间文化考察，尤为悲壮的一幕是刘半农的西北之行。刘半农是我国现代民间文学研究事业的重要开拓者,参与和领导了五四歌谣学运动。1934 年 6 月,他离开北平,来到绥远、宁夏、山西等地,走进偏僻的乡野,进行民间歌谣、民间歌曲的实地考察。与其他人不同的是,刘半农特别注重对方言、方音的科学记录,不仅用笔进行实录,而且使用了录音机进行原声录制。在黄河岸边的纤夫的歌唱中,他尤为激动,特地随人群溯流而上,记录下异常珍贵的黄河船歌。他将自己整理的民歌编订为《北方民歌集》,保存了黄河上游地区《爬山歌》等民间歌曲。令人遗憾的是,刘半农在田野作业中身染疾病,因此而献出了宝贵的生命。

在甘肃地区的民间文化世界中,花儿这种民歌艺术是尤其令人烁目的奇葩。张亚雄《花儿集》的出版,标志着黄河流域上游地区继《青海风土记》之后又一重要收获。张亚雄在《花儿集》开篇介绍道:“在七七的烽火未举以前,编者尝以断断续续十年的功夫,作搜集三陇甘青宁民间歌谣的工作。在这十年辰光当中,只着手搜集民间歌谣山歌当中名字叫作花儿的一部分,好像研究昆虫学只研究蜜蜂那样的缩小范围。我于三千首花儿当中选得六百余首,做了一点注解与叙述的事情。”①此前虽有学者在报刊上介绍过花儿,但应该说,只有这一次是最为全面、深入、系统的考察。

与张亚雄对花儿的搜集整理所进行的个人考察形式不同,中国民间音乐研究会于 1939 年 3 月 5 日在延安鲁迅艺术学院成立,继而又成立了晋察冀分会与陇东分会,他们组织人员赴各

① 《花儿集 · 西北民歌花儿叙录 · 引言》,重庆青年书店 1940 年版。

地进行民歌、道情、眉户等民间艺术的考察,受到边区文委的嘉奖。如当时的媒体所报道:"中国民间音乐研究会自成立以来,仅采集陕甘宁边区各县民间歌曲即已达七百余首。此外,如蒙古、绥远、山西、河北及江南各省之民歌,亦均有数十以至一二百首不等,总计共有二千余首,现正分别整理,准备付印。边区文委认为,该会提倡民间艺术,并实际从事搜集研究,卓有成绩,特拨发奖金两千元,以示奖励。兹经该理事会决定,分别奖励三年采集成绩最优秀者张鲁、安波、马可、鹤童、刘炽,及战斗剧社彦平、朋明等十余同志。"[①]当时,由马可等人负责,对这些民歌材料进行整理,编辑刻印了《陕甘宁边区民歌》的第一、二集。[②] 从另外一种意义上讲,中国民间音乐研究会的考察是中国新音乐运动的一部分,更是大众文艺运动的一部分,更多地注重了民歌这种重要的民间文化形势,但却相对忽略了更广泛的其他民间文化的内容。后来晋冀鲁豫边区文联出版了多种民间故事与民间歌谣集,在宣传教育方面起到了积极作用,但总是显得不够全面,考察的范围受到一定的限制。当然,这已经是空前的收获。特别是鲁迅艺术学院音乐系、文学系等处师生所组织大规模的民歌搜集整理,编选出的《陕北民歌选》[③],既有传统民歌,又有新的革命民歌,诸如其中的《移民歌》被公木、刘炽改编成《东方红》,响彻今日,响遍全球。这是中国民间文学史上的奇迹。这是黄河流域民间文化考察活动中产生的奇迹。这是这一时代更

---

① 《解放日报》,1943 年 1 月 21 日。

② 建国后这些材料又由人整理为《陕甘宁老根据地民歌选》,音乐出版社 1953 年正式刊行。

③ 晋察冀新华书店 1945 年 1 月版。

珍贵的记录。迄今为止,我们对于这一问题的关注还相当不够,许多历史事实还有待于更进一步的挖掘和甄别。

黄河中下游地区的河南,民间文化考察活动在这一时期取得的成就,呈现出另一种景象。

乡村教育运动在河南取得突出成绩,一是河南各地设立村治学院,与梁漱溟在邹平的乡村教育中心保持密切联系;一是广泛设立乡村教育实验区,仅开封周围就有开封杏花营教育实验区、杞县教育实验区等,各有特色。特别是一批热心乡村教育的学者积极参与各种社会调查,尤其注重协作调查,其代表性成果是蔡衡溪的《淮阳风土记》①、郑合成等人的《淮阳太昊陵庙会概况》②和张履谦的《相国寺民众娱乐调查》③,以及李佛西的《黄河集》④、张邃青《伏牛山中之蛮族》⑤等。特别提出的是张长弓的鼓子曲调查系列《鼓子曲存》《鼓子曲谱》《鼓子曲言》《鼓子曲词》等⑥,这在整个黄河流域民间文化考察中都是少见的,它第一次详细、完整地记录了鼓子曲这种北方典型的民间曲艺。

蔡衡溪是河南大学教育系学生,还在大学读书时就写出了这篇调查报告,同时,他还出版了《到农村去》等著作。他在《淮阳风土记》的前言中说,其"十五年(1926年)夏天"即开始动手

① 河南省立教育实验区1934年7月出版。

② 《河南教育月刊》,1932年第2卷第8期。

③ 开封教育实验区出版部1936年8月出版。

④ 《河南教育月刊》,1930年第1卷第5期、第8期、第10期。

⑤ 《河南大学文学院学术丛刊》,1940年第1卷第1期。

⑥ 《鼓子曲谱》《鼓子曲言》《鼓子曲存》《鼓子曲词》由河南大学听香室分别印于1942、1944、1946、1948年;见高有鹏:《中国现代民间文学史上的河南学者略论》,《河南大学学报》1997年第3期。

写作;他将民间文化在总体上分成“语言”和“风俗”两大部分,语言类其实就是民间文学,风俗类包括岁时节日、人生礼仪、禁忌和各种民间信仰等内容。他详细记述了自己家乡仍存在的各种传说、歌谣,批评了“昔人多把这种语言目为下等社会的产品,没有采取的价值”的错误言行,强调要“下番功夫,把乡间流行的谚语多多搜集一些,加以精细的研究”。他在阐释一些民间文学现象时,强调重视“野蛮时代”的社会历史特点,诸如《日的传说》《麦子减收的传说》等民间传说,对于理解“由信仰而把这种灵迹一世一世的传说下去”具有十分重要的意义。应该说,《淮阳风土记》代表着这一时期河南民间文化考察的理论水平。

庙宇在民众信仰中具有非常重要的位置。开封教育实验区组织人员对河南淮阳太昊伏羲陵庙会进行认真考察,由郑合成等人编写出了《淮阳太昊陵庙会概况》。这本书前面有齐真如、胡汝麟、赵质宸三人的序言,借鉴“杞县实验区派员偕同河南省立淮阳师范学校员生”所做的庙会调查,他们都强调对于“中国固有的社会状况”要“先调查明白,然后因地制宜、因病下药”,“给研究中国农村问题者一个真切的参考”;胡汝麟《序》对于“抄东抄西,削足适履,弄得中国一塌糊涂”的现象提出批评。当然,他们的出发点是关于“太昊陵庙会调查与乡村教育的关系”问题的讨论,而在实际上为我们提供了20世纪30年代上半期中国农村社会的一个缩影。

郑合成,字统九,其《淮阳太昊陵庙会概况》全书分《淮阳沿革》《太昊陵庙情况一般》《赶会的群众及其交通》《商业》《游艺》《庙会管理及税收》《太昊陵庙会的前途》《太昊陵庙会杂话》和"附录"(即《太昊陵庙会调查日记》)等部分,这是社会学的考察,也是社会史的考察,其焦点就是庙、神、人三者之间的联系,以民间信仰为中心所生发的一系列社会现象。其中的数据尤为珍贵,如《赶会的群众及其交通》中的"人数统计",他们采取"每日乘船人数估计""北关大路行客人数"及"居留人数"和"其他路上人数"等四种统计数目,计"每日约在10万人之上"。另如《商业》中的"商业统计",列《各街商业统计表》《各种摊铺总表》《各种商业分类表》等项,其中区域、种类、所售商品、家数、收入,各项细目一目了然。在《民间读物》中,我们看到《二十五更》《浪子回头》《庄稼歌》等传统说唱类,而且可以看到《张勋打南京挂帅平贼》《黄兴孙逸仙败逃外国》等"荒谬已极"的故事;作者说:"由此我们也就可以知道民间所认识的历次革命是怎样一回事了","这些东西,才是真正的乡村读物,是民众获得知识的真正源泉","由这些作品可以知道乡间民众知识真相,由这种知识,我们可以推定中国社会性质的一部分"。应该说,这是民国时期黄河流域民间文化考察中很少见到的内容,而正是这些内容才是当世中国最独到最真实的成分。

张履谦的《相国寺民众娱乐调查》是1936年开封教育实验区出版部出版的"相国寺特种调查"之一。这项调查的指导者、支持者是河南大学教授、著名教育家李廉方。李廉方时任河南大学文学院院长,他于1930年在开封创办实验教育区,这里,他在为张履谦著作所写的《序》中,一如既往地提倡"关于民众教育研究,先就本地社会从事各种调查,再决定可能教育的任务"。他是当时影响全国的"李廉方教学法"的倡导者。张履谦是留学苏联回国的学者,他在本书《自己的序》中介绍了调查缘起、调查方法,称其“仍是采用个案调查和实地访问与观察”,而“在未调查之前和既调查以后的间接访问,与直接观察的时间,是比民众读物调查要花的多”。全书分《相国寺戏剧概况调查》《说书》《大鼓书》《道情》《相声》《竹板快书》《西洋镜》《卖解者》《幻术》《日光电影》《玩鸟》《民众娱乐与教育》《调查归来》等若干部分。其中对“梆子戏”的调查,不但追溯源流细脉,而且专列《艺员生活概况调查表》,内分“姓名”“性别”“年龄”“籍贯”“住址”“所任角色”“包银”“开始学戏时间”“登台时间及经过情形”“所唱戏曲”“现在戏院”和“备考”(即是否科班出身)。在《剧目调查》中,作者设计的《梆子戏剧目调查表》,内设“剧目名称”“剧情大意”“取材”、“三戏园(永安剧场、永乐剧场、同乐剧场)三月排演次数”与“备考”等。这些内容概括起来是珍贵的豫剧(梆子戏)史,也是民间戏曲的传播史。包括“艺员访问记”,对出身卑贱、社会地位低下的民间艺人所做实地采访,对他们的实际生活状况进行详细介绍,弥足珍贵。如作者在《调查归来》的感慨:“想到我们现在研究史前史或各国社会史的锄头工作,在书本中去构成某式社会的愚骇与苦役,真觉得我们每一时代的社会生活者太忽视了他们现实的社会生活了。”他说自己“从各种民众娱乐调查中更加明白了我们的社会”,呼吁“希望我们离开中国社会民众生活而多谈建设中国的什么和改善中国的什么的人们注意注意”。这在今天何尝不是如此!

李佛西是一位中学教师,《河南教育月刊》的编者在介绍他时说:“佛西同志现任河南嵩阳中学教职,对于理化素有研究,然课余之暇,致力征集国内歌谣,博采各地谚语。今已搜得数百余首,集成巨册。兹不惠赠本刊,用特披露,以供研究社会学者及文学专家之参考。”李佛西本人也在《开首的几句话》中介绍自己征集、整理过程,希望“以贡献海内想改革民间风俗的同志”。从其内容可以看到,他非常重视底层民众的生活,诸如《黄河沿岸》《抬肉票》《十二月花调》《前清宣统》《衙门》等,都真实记录了社会最底层的苦难。其中的时政歌谣所具有的社会史价值,同样值得我们重视。

山东是黄河下游地区,在某种意义上讲,对这一地域的民间文化的考察,可以看做是对整个黄河流域民间文化的总结。当然,这里有黄河入海口,这里更有泰山,有蓬莱,这里是孔孟的故乡,有黄河上游地区、中游地区,包括中下游的部分地区,它有着自己的文化风尚与文化特色。

这一地域在民国时期对民间文化的考察,其成果集中起来有两大部分,一部分是俞异君等人所进行的对山东全境庙会的考察,归结为《山东庙会调查集》①,一部分是王统照、董均伦对山东民间故事的搜集整理,王希坚对民工间歌谣的搜集。② 但相比而言,前者的成就最为突出,更全面地体现了黄河流域山东地区民间文化的社会生活实际。当然,后者的考察对于我们在考察社会生活史的意义上,研究民间文学及其蕴涵的民众思想情感,都有着不可估量的价值。

《山东庙会调查集》是在乡村教育运动中出现的。如俞异君在《序》中所言,“社会调查是一种新兴的事业,是应用精密准

---

① 山东省立民众教育馆 1933 年 8 月刊印。

② 刘锡诚:《20 世纪中国民间文学学术史》,河南大学出版社 2006 年版。

确的科学方法,来调查中国各地方的实际情形,以便由之发现中国民族特质,探索中国社会衰微的根本病源”,其所采用的调查方法则是“委托或征求地方上热心人士,对于所调查之事项予以真实而系统的叙述”,其原因在于“现在的人力财力都不允许我们做大规模的社会调查”。尽管如此,在山东全省108个县中间,他们还是收到“散布于鲁省的四方”的“26县叙述庙会的文章”计46篇,基本上“可以以此代表其余”。这里,编者俞异君特别强调要重视庙会的背后,“就庙会所供的主神,娱乐、买卖的状况及耗费的情形,来加以考察”,以此来“看出庙会之所以延续至今的根本的决定的原因”;他尤其清醒地提道,“受自然界的影响最大最深的要算中国的农村”,“中国的农村虽是中国整个社会的基础,中国的农民虽占到全国人口80%的多数,然而中国政府的主持者是不会像其他国家那样爱顾到农村的”,进而提出包括“取消农村一切苛捐杂税,使农村经济得有复苏之望”的多项建议,使这一民间文化考察活动具有更高的意义。

在山东境内,黄河流入大海,有两个入海口,两者相距不远,西望利津、齐东、济阳、聊城、历城、济南、长清、平阴、寿张、鄄城一线,是黄河流域的主要区域。也就是说,并不能把山东所有的庙会考察都纳入此黄河流域民间文化考察范围之列,只有这一范围内才是。其中的聊城海华寺庙会、肥城固留寺庙会、东阿少岱山庙会等处庙会的考察,才属于此。

《肥城县固留寺庙会》(作者张仁甫)分别介绍了《(固留寺)寺的来历及其特点》《庙会的来历及财产》《买卖的状况》《会款的收入及盈余》《庙会的情形》《会场的人数和布置》《赶

会之公例及防守》与《结论》等内容，颇为详细。特别是《买卖的状况》与《会款的收入及盈余》两节，对“木料”“牲畜”等交易物的数量统计、各项开支的介绍，既全面，又准确；对其中的庙会组织结构的描述，都成为后世研究社会生活史的重要资料。《东阿县少岱山庙会》（作者咸福亭）篇幅不算太长，开篇即述“从济南沿黄河南上，经二百四五十里”云云，颇有游记色彩。其中对于庙宇名称的介绍较为详细，并将庙会的范围即会众来源，诸如“聊城、阳谷、东平、庄平、堂邑、平阴、济宁”以及“集会最盛时期尝有五六万之众”等内容，所做描述与分析，都给人以清晰印象。《聊城海华寺庙会》（作者孙梅田）的介绍最为简约，太笼统，全篇不足400字。如其介绍“南乡阿城镇的海会寺”，称“分中东西三院，以骑门楼做栅门，上做戏楼，东南接黄河，西有待疏之运河，形式颇佳”，“内有住僧四五十名，晨钟暮鼓照常奉经，功课倒也不差，行为未曾出规”云云。应该说，这也是一种特色，堪称整个民国时期黄河流域民间文化考察中最短的一篇文章。

民国时期，中国社会百业凋敝，民不聊生，民间文化作为一种社会生活现象，直接体现出这些内容。以乡村教育运动和大众文艺运动为主体的民间文化考察，学者们都怀抱着认识中国、改造中国、关注民生的学术热情，走进社会的最底层，直接感受民众的情感和生活，为我们留下极其珍贵的第一手资料。这不仅有益于我们进行社会史、文化史的研究，而且有力地拓展了整个人文学科的空间，尤其是学者们在著述中所体现的远见卓识，对社会现实的批判与把握，给我们以深刻的启迪。黄河流域包括民间文化在内的文化生活的历史变迁，在学者们的笔下成为一篇篇优美的史章，成为一个民族对历史的记忆与表白，是我们研究文化历史发展的不可缺少不可忽视的材料。

15

关于农耕文明问题

——以中原地区为例

中国是农耕文明历史相当长的一个国家,可以说,不了解中国农耕文明及其历史发展,就不能真正懂得中国的历史。

民俗学把民俗事项分为四个基本部分,即物质民俗、社会民俗、精神民俗和语言民俗,其中的物质民俗作为一种类型存在,着重于对物质财富的创造和消费,诸如生产、商贸、医药等民俗生活内容,尤其是生产民俗,它的发展与整个人类社会不同历史阶段具有极其密切的联系。如恩格斯在《劳动在从猿到人转变过程中的作用》一文中所讲,是劳动创造了人类。也正是因为基于生产工具的类型及其使用方式,社会学经典作家们把人类社会划分出蒙昧阶段、野蛮阶段和文明阶段,而且在文明阶段中又详细划分出渔猎时代、农耕时代、工业时代和后工业时代。诚然,每一个时代都经过漫长的演进过程,文明薪火递代相传,从低级走向高级。民间生产作为民俗生活的存在,更是这样具体地融入民间文化的整体之中;我们不得不承认,作为非常重要的文化遗产,以农耕文明为核心内容的民间生产习俗,构成了我们

不可磨灭的记忆,或可称为文化基因。当年,英国的民俗学家爱德华·泰勒(E. B. Tylor)对这种现象论述道:

> 人类社会的制度一如其所居的地球,也是层系分明的。它们先后衔接,次第演化,序列一致,全球如此;即使有种族和语言的表面差异,却由于相似的人类特性而成型,且经由连续变化的情况而影响着蒙昧、野蛮和文明时代的人类生活。①

我们所处的时代正因为高技术的出现而日益远离传统的农耕生活方式,但无论如何,我们割不断这种生活方式。

在中原文化中,民间生产作为基本的生产方式,其历史之悠久,由层出不穷的考古、文物、文献等材料可见端倪。这不仅是中原文明的一部分,更重要的是它标志着整个中华民族在国家形成和发展中的轨迹。司马迁曾讲,三代之居皆于河洛之间。河洛地望,即以中原为核心;也正是如此,特殊的社会历史发展与自然因素,影响着中原地区民间生产的基本内容。

民间生产以农耕文明为核心,在整个中华民族的发展中占据着举足轻重的位置。以农为本,成为国家政治的基本脉络,也成为全体社会成员的文化共识,直接影响到包括民间文化在内的思维方式与价值观念。在某种意义上讲,中原地区的民间生产成为我国传统农业的缩影,在我国社会历史发展中具有高度的典型性。而这种特点,首先离不开河南自然地理形势的构成。我们可以看到,河南西部的伏牛山、南部的大别山和北部的太行

---

① E. B. Tylor, *On a Method of Investigating the Development of Institutions*; *Applied to laws of Marriage and Desscent Readings in Cross Cultural Methodology*, edited by F. W. Moore, HRAF Press, New Haven, 1970.

山，包围住黄淮大平原。黄淮大平原自古就是我国的粮仓，其土壤成分偏重于碱性；在总体上讲，中原地区属于旱地耕作，在防旱保墒耕作技术基础上形成了自己的一系列特点。这些特点具体体现出中原文化的个性存在。

首先是以农为本，以土为本的思维方式与价值观念，深刻地影响着高度稳定的社会生活秩序的运行与发展，同时，也影响到整个国家的发展。所以我们讲，中原地区的民间生产历史就是整个中国古代农耕文明历史的一个缩影，它与北方的游牧、南方的稻作、东部沿海的渔业，包括西部山地的生产形成鲜明的对比和对照。当然，我们在认识中原文化的这一个性时，不应该简单地以现有的行政区划界线为樊篱，而应该充分注意到文化历史发展中多种文化成分在这一地区的聚汇、碰撞、交融，尤其不能将河南与周边省隔离开。事实上，以农为本、以土为本的思维方式与价值观念并不仅仅在中原地区的河南存在，只是在这里更为典型、更为突出，何况省界划分在不同的历史时期相异。即使在中原地区，因为历史与自然等因素，豫南、豫北、豫东、豫西、豫中各地在这一思维方式与价值观念所表现的形态上也并不完全相同。

以农为本，就是以土为本。对土地的占有、使用与管理，形成一整套完善的体系，也因之构成传统农耕文明的核心。在其文化成分的具体构成中，我们可以十分清晰地看到，包括各种作坊、商贸、医药等生产活动，都紧密地围绕着土地的耕作这一中心而进行。在此基础上，具体形成了天（气候）、地（土壤）、人（劳动）三者一体的生产观念，上至朝廷，下至百姓，对此形成共识。如汉文帝，《汉书·文帝纪》记他曾多次诏布天下，一再强调“农,天下之大本也,民所恃以生也,而民或不务本而事末,故生不遂”,“力田,为生之本也”。他不仅这样说,而且“亲率群臣农以劝之”,“亲率耕,以给宗庙粢盛”,若遇自然灾害,则“减诸服御,损郎吏员,发仓廪以振民”,“务省徭费以便民”。文帝时的贾谊、晁错等学者也都强调以农为本,主张“殴民而归之肖,皆著于本,使天下各食其力,末技、游食之民转而缘南亩”①。在我国人文思想发展史上,以农为本始终处于主流位置,并且出现了大量专门论述农耕生产的著作,诸如汉代氾胜之的《氾胜之书》、崔寔的《四民月令》,北魏贾思勰的《齐民要术》,宋代陈敷的《农书》,元代王祯的《农书》、司农司的《农桑辑要》,明代徐光启的《农政全书》、周之一的《农圃六书》,清代张宗法的《三农记》、黄辅辰的《营田辑要》、杨巩的《农业合编》等。陆龟蒙的《耒耜经》是记述中国唐代末期江南地区农具的著作。陆龟蒙亲身务农,特别留心对当地农具种类、结构和耕作技术的观察与记录。南北无大异,他们中的许多人都以不同地区的农耕生产为依据,不仅表现出卓越的学术思想,而且为后世留下大量珍贵的农耕文化史资料。在我国民间文化中,尤其是中原地区的农谚中,更是充满了丰富的农本思想智慧。如流传相当普遍的“生意钱,三两年;衙门钱,隔夜完;庄稼钱,亿万年”,述说经商、做官和种田三种职业与财富的辩证关系;又如“地是刮金板,人勤地不懒”,“田地是庄稼人的命根子”等,都强调人与土地的关系,即人对土地的依赖。在明清县志材料中,比比皆是的农谚记载着人们崇尚土地的种种心态,更不用说民国之前的乡村以土

---

① 《贾谊集 ·论积贮疏 》,四库丛刊本。

地为中心的社会秩序,以土地神崇拜为中心的精神世界。应该说的是,这里我们毋庸论述土地如何束缚、限制了我们面向世界、走向世界;在依赖土地为生命支撑点的农耕时代,人们不得不将自己的一切交付给土地。也就是说,人们背井离乡,或浪迹天涯而落魄,或衣锦还乡而荣耀,都是从土地出发而又回归土地的。

以农为本,以土为本,把粮食生产比做像天一样大的事,中原地区和其他地区一样,都格外强调“靠山吃山,靠水吃水”。人们尊重土地,更尊重对土地的利用,即勤奋劳动,充分发挥耕作的效用,尤其重视水利灌溉、土壤营养、良种培育以及播种和收割等农事活动的秩序性、系统性。

我们常讲,水利是农业的命脉。在远古神话传说中,大禹治水成为家喻户晓的英雄事迹。在殷墟出土的甲骨文,诸如“贞禾有及雨□三月”“雨弗足年”“帝令雨足年”之类的卜辞,①表明殷商时代人们已充分认识到水在生产中的重要作用。在《周礼》中,《考工记》《地官司徒》等章提到水的内容更多、更详细,诸如“匠人为沟洫,耜广五寸,二耜为耦,一耦之伐广尺深尺谓之圳。田首倍之,广二尺深二尺谓之遂,九夫为井,井间广四尺深四尺谓之沟,方十里为成,成间广八尺深八尺谓之洫;方百里为同,同间广二寻深二仞谓之浍。专达于用”②。“稻人,掌稼下地,以潴畜水,以防止水,以沟荡水,以遂均水,以列舍水,以浍泻

---

① 罗振玉:《殷墟书契前编》,北京中华书局 1961 年版。另见陈梦家:《殷墟卜辞综述》,北京中华书局 1988 年版。

② 《周礼·匠人》,贵州人民出版社 1991 年版。

水”①。其中的“匠人”和“稻人”,不用说都是土地的生产管理者。不仅如此,在贾谊《新书》中还提到战国时期因为灌溉而出现瓜的美恶:“昔梁大夫宋就为边县令,与楚邻界。梁亭、楚亭皆种瓜;梁亭劬力数灌,其瓜美,楚人窳而稀灌,其瓜恶。”②撇开其中的个人好恶,贾谊所述的“瓜美”在实际上记述了中原地区古代人民重视灌溉和劳动耕作的美德。再者,我们从《氾胜之书》《齐民要术》等笔记史料中,从《史记》《汉书》《新唐书》等历史典籍中看到,历代统治者都非常重视水利的运用,诸如从郑国渠对黄河中下游地区的自然形势来看,水的运用基本上分为三种方式:(一)对河流的运用;(二)对雨水的运用;(三)对井的开凿。中原地区总体上处于干旱地区,旱涝不均,谚语概括为“淹三年,旱三年”。中原地区最大的危害是黄河,迄今民间还流传有歌谣:“道光二十三,大水冲上天,捎走太阳渡,带走云锦滩。”在漫长的岁月中,中原地区一直没有摆脱靠天吃饭的境况——淘井和疏浚河流是民间生产中最重要的环节。

土壤营养是中原地区民间生产的又一重要内容。与水对农田的作用一样,土壤营养具有极其重要的意义。从原始文明遗址中,我们可以看到草木焚烧所形成的肥料对刀耕火种生产方式的作用,进而,在《诗经》《礼记》《周记》《氾胜之书》《齐民要术》等典籍中,我们看到“烧薙行水利以杀草,可以粪田畴,可以美土疆”(《礼记·月令》),“掌土化之法以物地,相其宜而为之

① 《周礼·地官司徒》,贵州人民出版社 1991 年版。

② 贾谊:《新书》,上海古籍出版社 1986 年版。

种”(《周礼·地官·草人》)等内容。春秋战国到秦汉时代所采用的晒土、焚烧、浸泡的草木肥、动物粪便、腐烂骨殖的溷殖肥,沿用了数千年。元代三大农书《农桑辑要》《农桑衣食撮要》和《农书》从不同方面记述了中原地区对苗粪、草粪、火粪、泥粪的使用。如王祯的《农书》专列有《粪壤》,提及“扫除之猥,腐朽之物,人视而轻忽,田得之而膏润,所谓惜粪如金也”,由此对照汜胜之《汜胜之书》中所提及“凡耕之本,在于趣时,和土、务粪泽,早锄草获”,充分重视蚕粪等有机肥,这些都表明中原地区民间生产在世界农业科学发展史上的领先地位,即“早1000—1300年”于西欧国家。① 迄今,在民间谚语中还特别强调“种地不上粪,等于瞎胡混”,“庄稼一枝花,全靠粪当家”,“地凭粪来养,禾由粪来长”等。这里所体现的更为珍贵的民间文化哲学基础,即珍视土地,重视劳作,把世界作为生命的有机整体来理解,应看做环保的先声。

民间生产中,水、肥是最基本的养料,种子的选择、培育、贮藏、收获等环节都以此为基础;同时,从这里我们也可以深切地感受到民间生产中所蕴涵的世界观、价值观、社会观、人才观等内容。应该加以说明的是,这里所述的种子并不仅仅限于粮种作物,它还包括其他植物,如树木、花卉、药草等,更宽泛地讲,鸟、兽、鱼、虫,包括家畜、家禽,都可看做种子。民间生产是一个完整的系统,犹如我们今天所说的生物链,即动物、植物间存在着的相互依赖、共同生存和发展的自然关系。概括起来讲,它们与自然环境之间的联系,就是我们日常提及的“水土”。中原地

---

① 周肇基:《中国植物生理学史》,广东高教出版社1998年版,第63页。

区有自己的土壤、气候等自然条件，种子的培育与嫁接等因素都与此密切相关。其中所贯穿的仍然是以农为本、以土为本的理念；因而，在相当长的历史时期，中原地区民间生产都处在内部循环的状态，在整体上表现出明显的封闭性特征。在漫长的历史发展中，中原地区民间生产充分利用各种自然条件，注意其整体性发展，诸如保墒、杀虫、锄草、剔苗等，形成完善的生产管理系统和操作系统，即因地制宜，《诗经》《氾胜之书》《齐民要术》《四时纂要》等典籍都充分显示出这些内容。农作物如此，渔牧业亦如此，民间谚语中甚至把这些内容同人才培养相结合，诸如“十年树木，百人树人”，“树大自直”，“鲫鱼一伙，鲶鱼一伙”等，这从另一个方面体现出人们对社会、人生、自然的理解和认识。

中原地区民间生产的第二个特点是阴阳相宜，把握农时，注重天时、地利、人和三位一体的自然观。

在以农为本的基础上，民间生产追求时效和程序的有机把握，这在实际上形成了自成一体的可持续发展的生产理念。《淮南子》中曾提到“神农乃始教民播种五谷，相土地，宜操湿，肥硗高下”[①]。《孝经援神契》中提及“十黄白宜禾，黑坟官黍麦，苍赤宜菽，污泉宜稻”[②]。此前，《周礼》中就曾提及“土宜之法”，讲“辨十有二土”和“辨十有二壤”，以此“相民宅而知其厉害”，“蕃鸟兽”，“毓草木”，“以教稼穑树艺”。[③]《管子》中也曾提及“相高下，视肥硗，观地宜”，论及“天时不祥，则有水旱；地

① 刘安：《淮南子·修务训》，贵州人民出版社1991年版。

② 《太平御览》卷八二引，贵州人民出版社1991年版。

③ 《周礼·地官·大司徒》四库丛刊本。

道不宜，则有饥馑”，被人誉为“我国古代最早的生态植物学佳著”①。若我们把《诗经》也看做对历史的记述，那么，其中关于阴阳的内容就更多了，如《大雅·公刘》中提及“笃公刘，既溥既长，既景乃冈，相其阴阳，观其流泉”，《大雅·卷阿》中提及“梧桐生矣，于彼朝阳”。《周礼》尤其明确地提到“凡斩毂之道，必矩其阴阳。阳也者，稹理而坚；阴也者，疏理而柔”，这自然使我们想起老子在《道德经》中所说的“道生一，一生二，二生三，三生万物，万物负阴而抱阳”。《齐民要术》中的“凡栽一切树木欲记其阴阳，不令转易。阴阳易位则难生”，“若阴阳易位则难生，生亦不实”，“折取其美梨枝，阴中枝则少”，②以及其所记“田中不得有树，用妨五谷”，“五谷之口，不宜树果”，“率十步一树，阴相接者，则妨禾豆。行欲小掎角，不用正相当，相当者则妨犁”等内容，③可知阴阳相间，疏密有致，要有一个必要的调整，这是劳动者在生产实践中总结出的经验，也是他们在生活中总结出的社会发展规律。完全回归到农耕时代，这固然是不可行的，而完全抛弃千百年来我们的祖先所创造的物质文化财富，一味盲从于所谓的全球一体化，这同样是一种误区。中原地区民间生产的历史，就是整个中华民族农耕文明的历史的缩影，它从一个方面反映了我们世世代代在这片充满光荣与艰辛的土地上积淀成的世态和心态。有一位学者曾经从国家安全的角度来研究文化，其实，我们确实正面临着如何对待民俗文化生活传统与国家文化安全的大战略及

---

① 周肇基：《中国植物生理学史》，广东高教出版社 1998 年版，第 37 页。

② 贾思勰：《齐民要术·种梨》，贵州人民出版社 1991 年版。

③ 贾思勰：《齐民要术·种谷，种桑柘篇》，贵州人民出版社 1991 年版。

其实施问题。环境污染、人口爆炸、瘟疫横行、水土流失等问题的解决，在民间生产的历史进程中有许多值得借鉴的内容。这些问题也是当务之急；发展是硬道理，而以人为本的全面发展，是更为重要的道理。

阴阳之间，相克相生。民间生产中的间作和套作，充分注意到农作物之间的联系，包括它们与环境之间的联系。在《诗经》和《山海经》等典籍中，我们就看到相关的内容，如其阴多什么和其阳多什么，应该说这其中蕴涵着相当多的太阳崇拜的成分。《齐民要术》载，“榆性扇地，其阴下五谷不植”[1]。《桐谱》载，“桐之性皆恶阴、寒，喜明、暖。阴寒则难长，明暖则易大”[2]。《花镜》中载，“花之喜阳者，引东旭而纳西晖。花之喜阴者，植北囿而领南董”，其“宜阴、宜阳、喜燥、喜湿、当瘠、当肥，无一不顺其性情而朝夕体验之”。[3] 这是对植物习性的准确把握。《齐民要术》提及“凡五谷地畔近道者，多为六畜所犯，宜种胡麻、麻子以遮之。胡麻，六畜不食”，“慎勿于大豆地中杂种麻子，扇地，两损，而收并薄”。[4] 有学者对此分析说，“现代科学知识表明，大麻含有胆碱、胡克巴碱、大麻酚、毒蕈碱，这些成分有毒，杀灭病菌和驱杀害虫能力颇强”，称此“等于设置了一道屏障，起了保护农田的良好作用”。[5] 推而广之，我国中草药的栽培、配制和服用，实际上也是以此阴阳相克相生的道理为其思想基础

① 贾思勰：《齐民要术·种榆》，贵州人民出版社 1991 年版。
② 陈翥：《桐谱》，贵州人民出版社 1991 年版。
③ 陈敷：《花镜》，贵州人民出版社 1991 年版。
④ 贾思勰：《齐民要术·种麻子》，贵州人民出版社 1991 年版。
⑤ 周肇基：《中国植物生理学史》，广东高教出版社 1998 年版，第 183 页。

的。中医尤说究采阴补阳，把体弱喻之为阴虚、阳亏，运用中草药的药性生气，使人体内经络通畅。李时珍的《本草纲目》堪称此集大成者。在民间种植树木时有许多禁忌，其中就包含着对于植物阴阳相克因素的认识，更不用说饮食中对凉性（阴）和燥（阳）的把握。由这些暗含着以阴阳相克相生为表征的哲学观，勾画出一幅四季分明，井井有条的农家五行志、万年历，至今还直接影响着社会生产的发展。所谓农时，其实也是以阴阳相宜为依据对民间生产的具体安排。

遵循农时，中原地区民间制定出两套时令系统，一是岁时节日，从正月初一到除夕之夜，经过元宵节、清明节、上巳节、端午节、六月小年、七夕、八月中秋、九月重阳、十月初一鬼节、腊八节等，这些节日周而复始，是人们精神生活的履历表；二是二十四节气，从春分到大小寒，完全是农事或称为技术生活的履历表。两个系统相辅相成，共同组成民间生产的时令系统。溯其源头，从《孟子》和《荀子》等先秦典籍中可看出其久远的历史。如《孟子》中所提“不违农时，谷不可胜食也”（《梁惠王上》）；《荀子》中所提“春耕夏耘，秋收冬藏，四者不失时，故五谷不绝而百姓有余食也”（《王制》）；《诗经》中的《七月》更是农耕时令的一个典型。后来的《氾胜之书》《齐民要术》等典籍，也都明确提出“时宜”。到明代，马一龙在《农说》中更加明确地提出“合天时、地脉、物性之宜，而无所差失，则事半而功倍矣”。尽管这些典籍并没有明确提到这就是中原地区民间生产的实际记述，但它们确实反映了我国农耕历史发展中普遍重视“时宜”的事实。尤其是在明清方志资料中，我们可以看到，凡乎所有的方志都记述有“迎春”习俗。如《归德府志》所记“立春先日迎春，次旦击牛,竞土泥灶;啖萝卜,曰咬春”[①];又如《阌乡县志》所记“立春,杂切生菜,曰春盘,裹以薄饼食之,曰咬春。前一日迎春东郊。邑人倾城俱往,曰看春。塑匠妆芒神像及上牛各长三寸许,又以细雨竹苇作胎,黄纸裹之,彩丝交缠,曰春杖。绅宦官送,士民自买。卖像生花者,剪五彩纸为春蝶,看春人争买簪之”[②]。咬春的内容在各地具体表现不同,但其所表现出的各地对立春时令的重视是一致的。民间谚语中的时令谚语尤为丰富,如“春打六九头”,“春分在社前,斗米值千钱;春分在社后,斗米换斗豆”等。在具体的农事安排中,时令成为记事依据,如种麦“秋分早,寒露迟,露种麦,正当时”,种菜“头伏萝卜末伏芥,中伏里头种白菜”;收割时如“芒种忙,三两场”,“清明两月吃干麦”,“立秋三天遍地红”,“小满见三新”;其他如“立夏三天遍锄田”,“立了秋,挂锄钩”等。农时以农谚的形式被广为传诵,这是民间百姓的生产指南,也是他们的生活指南。当然,时令划分与安排,即使在中原地区、东西南北各地也都以自己的具体的自然条件进行。如信阳一带水田多,洛阳一带丘陵多,安阳一带旱地多而且温度较低,商丘一带平原多,各地的气候不尽相同,土壤成分差别较大,风向、光照、河流与降雨量等自然因素直接影响到农时的制订。从整体来看,中原地区以农耕为最重要的生产方式;阴阳相宜,把握农时,强调天时、地利、人和,是中原地区民间生产的基本理念。

中原地区民间生产的第三个特点是注重自然传承,讲究协

---

① 《归德府志·岁时》,清光绪十九年刻本。

② 《阌乡县志·岁时》,清光绪二十年刻本。

调性发展，生产主体基本上以家族、宗族、家庭为单位，生产规模受到明显的限制。

民间生产以农为本、以土为本，但它不仅仅限于农耕，它还包括百工技艺，即手工业等生产。我国农耕社会的经济类型属于自然经济，是依附在大地上的宗法制条件下的小范围、小规模的经济形态。毋庸置疑，民间生产的主体是农民，这决定了在以农为本、以土为本的基础上所有的生产形式都是对粮食生产的补充和完善，即协调。固然，在我国社会发展历史上，民间生产是封建社会的产物；此前的奴隶社会，土地所有制形式受到国家政权的绝对控制，私有制条件下的农民还未获得必要的自由。封建制得到充分发展之后，越来越多的农民把对土地的占有作为自己追求的理想。农民的成分主要是自耕农，雇用农民与地主形成复杂的依附关系，家族、宗族、家庭便成为基本的生产单位。族产、庙产等土地所有制形式，成为一个民间生产中的重要问题。民间生产的形式也日益多元化，其传承方式却一直是自然传承。特别是百工技艺，师徒之间的联系成为生产技艺传承的必要条件。这实际上构成对家庭、宗族、家庭血缘关系的归附。同时，我们也看到，中原地区的商贸活动和其他地区一样，都围绕着农时、农事而展开。其中的商贸主体，有坐商和行商，有商家和小贩，而他们更多的是自产自销，商人的财富除了用于扩大经营之外，一般都用来购置田地。在商贸主体构成中，与百工艺人一样，也多是家庭式或以家庭为基本单位。这也正如民间谚语中所说“生意好做，伙计难搿”，合作有难度。说到底，还是小农经济所决定的松散的经营方式。

在民间生产的格局中，百工、商贸、医药等活动的出现，是小农经济自给自足生产方式的需要。它们和农耕生产之间的关系，被突出地限定为本和末，而且在日常社会生活中也一直处于强本抑末的状态，这主要是由历史形成的。我国古代的统治者都在自觉或不自觉地把农业作为国家财富积累的基本途径，形成“田荒则府仓虚，府仓虚则国贫”的共识，并以此作为“其治人事也，务本”的核心(《韩非子·解老》)。同时，他们也都一再提出“不以小功妨大务，不以私欲害人事，丈夫尽于耕农，妇从力于织纴，则人多”(《韩非子·难二》)。男耕女织因之成为民间生产中劳动力量分配的两大阵容。何为本？何为末？古代统治者从社会绝对稳定的目的出发，极力抑制与农耕生产相异的新生力量的出现。如韩非子就明确提出，“仓禀之所以实者，耕农之本务也，而綦组锦绣刻画为末作者富”(《韩非子·诡使》)。他以为，“其商工之民，修治苦窳之器，聚弗靡之财，蓄积待时，而侔农夫之利”，应该“使其商正游食之民少而名卑，以趣本务而寡末作”(《韩非子·五蠹》)。他甚至把“耕战之士困，末作之民利”(《韩非子·亡征》)视为国家的衰亡。《吕氏春秋》中更是以“神农之教”的名义说：“士有当年而不耕者，则天下或受其饥矣。女有当年而不织者，则天下或受其寒矣。故身亲耕，妻亲织，所以见致民利也。”(《韩非子·爱类》)自此，或提倡减轻赋税，让农民得以休养生息，或提倡开垦荒田，增加粮食生产，历代统治者始终都把农业作为重中之重，就有意识地把各种手工业、养殖业、医药、商贸等民间生产作为副业。当然，这主要是出于备战备荒的考虑。但不可否认的是，正是这种自耕自足的生产方式，无视物质流通对社会财富增长的巨大推进作用，极大地限制了社会生产力的发展。中原地区的民间生产在这种意义上是一个典型,它集中体现出强本抑末的思想。民间谚语中鄙视工商阶层,称之为“无商不奸”,而另一方面又认识到“无商不富”,称“十年读书成个秀才,十年未必成个生意”。民间百姓在生产上更多地认同于“安分守己”,“富不过三代”,推崇的是“论吃还是家常饭,论穿还是粗布衣”。即使是工商业者自身,他们也自觉地接受这种意识,在叫卖中一再宣称“无君子不养艺人”,把自己排队在道德层面而外。当然,他们也有自己的规范,如其所推崇的“生意场上无父子”,讲究“公平交易”“诚信为本”“和气生财”“薄利多销”,重信誉,中原地区有许多老字号就是最好的证明。同时,他们为了追求自己应有的社会地位,从不同的方面为自己营造神圣的舆论氛围。如他们特别重视行业祖师崇拜,铁匠的祖师是老君(聃),木匠和泥瓦匠的祖师是鲁班,玉器行的祖师是丘处机,商人的祖师是陶朱公或范蠡,纺织业的祖师是轩辕黄帝或嫘祖,印染业的祖师是梅葛,酿酒业的祖师是杜康,豆腐坊的祖师是淮南王刘安等。其中的祖师或是历史上著名的圣贤,或是宗教领袖,在社会上享有很高的声誉,工商业者借以抬高自己的地位,形成名正言顺的效果,这种作为与民间社会修祠堂、修家谱的目的是一致的。但是,无论他们怎样努力,这个社会仍然以农耕为自己的基本生产方式,它从根本上排斥其他社会新生力量,始终坚持以农为本、以土为本的生产理念和生活理念,也因此造就了全社会的封闭、愚昧、盲目和停滞。

社会学家把社会成员分成初级群体和次级群体,所谓初级群体或称基本群体有一个重要条件,就是其成员相互熟悉,以感情为基础结合成亲密的关系。[①] 初级群体的这种特征尤为典型地体现在中原地区民间生产中,其自我维持系统的过程在总体上是社会化大生产的障碍,不利于社会的良性运行和发展。正确认识这些前景,对于我们理解民间生产与当前的现代化之间的联系,调整好我们的思路有着十分重要的意义。当然,这里面也包含着许多值得我们珍视的内容,诸如注重对环境的保护,合理安排生产布局、尊重人的自然观等,都蕴涵着科学的道理。特别是对于手工业生产技艺的保存,我们应该做的还有很多,这并不仅仅是对口头和非物质遗产的抢救与保护问题,而是对我们自身的生存态度。

① [美]戴维·波普诺:《社会学》,中国人民大学 PRENTICE HALL 出版公司 1999 年版。另见 Homance, G., *The Human Group*, New York, Haroourt Brace Jovanovich,1950。

16 语言巫术问题初探

语言巫术在蛮荒世界中的产生,是与人们对自己生存环境的认识的不断提高密切联系在一起的。它直接地产生于古代人民的劳动生活中,随着社会的发展而发展变化。

从许多古方献中,我们可以非常明显地看到这些。

一方面,人们认为自己的生存是由独立于现实世界之外的某种神灵决定的,或者是这些神灵能影响的,所以,要祈求得到一种庇护,而免受一些灾难。祷辞就是人们在这种条件下生发的,它体现了一种敬。如《吕氏春秋》中的“操牛尾以歌八阙”,尤其是“歌帝功”等,表现出原始人对神灵的景仰。可以这样说,祖先崇拜就是最早靠祈祷而传承的,也是这样表现的。当然,敬与惧和谢是相连的。

另一方面,人们以为得到了保护的同时,也受到某种邪恶力量的侵犯、毒害,从而才有自己所遭受的痛苦。于是,人们相信自己的语言会成为一种反抗和斗争的力量,就出现了诅咒,包括咒骂。诅咒与祈祷相比,体现出人们对世界的进一步的深刻的认识——仇恨是人们认识到自我的主要标志。相伴而生的是人们对世界的蔑视，它表明，人们使用的工具以及劳动、斗争的技艺更一步提高了。“日出而作，日入而息，帝力奈何于我哉”，以及“桀，何日亡？吾与汝偕亡！”这些都应该是在这种背景下产生的。

祈祷也好，诅咒也好，都表明了人们对于神灵世界存在与作用的一种认可，都是人们认知能力低下的产物。

就这样，语言巫术产生了。炎黄文化也因此而更加丰富了，更加绚丽多彩。

语言是人们交际的工具，是人们进行思维的物质外壳。在现实世界中，人们进行对话，不同的语言是标示人们不同行为的符号，可用来传递信息，也可用来记录事情的发展变化。人与人的对话是直接的，口耳相传；人与神灵世界的对话就不同了，它是间接的，要借助一定的媒介，尤其是一定的仪式。泰勒曾经说，人们劳动的动作比劳动的工具更有意义，作为巫术的这些语言，其价值也正在这里，即重要的不仅在于说的内容，而在于如何说，为什么要这样说，而不是那样直接地说。语言巫术的表现基础就在于人们述说的方式伴随着一定的氛围——神秘性，于是，它就有了普通语言所无的独特意义。

弗雷泽在《金枝》中以黛安娜庙中的神树诸俗为例，对原始民俗的产生做了颇有意义的探索。他试图用“相似律”“交感律”等理论来概括这种作为民俗现象的语言巫术，及其产生和作用。我们姑且接受这种理论。语言巫术之所以绵绵不绝，正是因为人们相信其特殊的功能，相信这样可以实现自己的愿望。

从总的方面来讲，语言巫术的功能有这样几个方面：

首先，是增强自身的力量，提高信心，尤其是对自身的保护。

在一定的氛围中，人们对自己的言语的表达非常重视。以敬礼祖先为例，我们可以看到语言的巫术的表现：一是要有供品，食物和香裱之类的实物，二是人体的规定性，要屈膝低首，然后肃穆的气息，这时，人才请求祖先的灵魂降临并接受自己的祝愿和请求。对上天的敬祀亦同样。人们的祈祷意义在于通过这些供品和自己的敬慕来表现尊崇的心理，以求“感应”，从而使自己的力量增强。秦始皇、汉武帝他们登临泰山祭祀上天，其实质在于巩固自己的统治。作为民间百姓在一定的场所和时间中的祭祀，语言的意义在于得到上苍的恩赐或祖先的庇护，使自身的利益得到保护。人们之所以这样，一是觉得不这样不足以表达自己的恭敬，不能感动神灵；二是只有这样才能实现“对话”，而区别于尘世间的交际。

对自身的保护是语言巫术的基本意义，最明显的表现在一些咒语中。人们希望通过自己的诅咒而驱赶妖孽，使自己的生活恢复或保持安宁。如小儿夜哭，人们以为夜哭神在搅乱自己的生活，于是就写一张带有歌诀的红纸，贴在路边，希望借助于路人的“念七遍”来赶走夜哭神。这张带歌诀的红纸使巫术在语言中起到作用，歌诀的意义也改变了。

在南方一些少数民族中，以鸡血驱鬼，由巫师唱一些镇邪的歌，或念些诀，同样是人们认为只有这样才能保护自己而进行的。

其次，是对秩序的维护。

无论是宗教的或者是世俗的，作为巫术的语言在更广大的意义上都是为了强化某种秩序。宗教徒的咒语是一种“专政”

工具,意义不仅在于驱除妖魔,而且还在于“敬诫”,让宗教徒保持教规,坚守教义。在一些儿童游戏中,儿童们为了保持动作的整齐,常共同唱一些咒语,如“不×不×烂手心”等,使大家感到一种畏惧。氏族社会时期这种功能当更强。

再次,是心理上的调整,进行自我安慰或者仇恨、不满心理的发泄。

语言巫术的实质在于表达,在于实现自己所愿望的心理展现。长白山人在赶棒槌即挖山参时,发现了参苗,怕它会跑掉,就用红线拴住,再喊一些诀,以为这样参就不会丢了。这是人对自身力量、信心不足的一种加强,更是对自己的一种心理调整。人得参时喜悦与辛苦和畏惧交加,难以平静,采用巫术的语言来使自己保持一种安静。人要对自己说,参,再也不会跑了;人也要对参说,你再也跑不掉了。这时,人才相信自己,丢掉所有的畏惧和不安。语言巫术特别是咒语、咒骂行为,最主要的功能就在于心理上的发泄。有人丢失了钱财后,会扎一个草人,然后,用开水浇在草人的身上,或者用刀砍,用针刺,同时喊着,谁偷了我的钱财,让谁怎么样。把不满都发泄在这个假定的人身上。他们以为这样偷者就会遭受到同样的惩罚,自己的损失也会和偷者的痛苦相抵消,从而,减弱或者平息了自身的失落等心理。民间的叫魂曲的意义也在于此。此外还有人们借助于语言巫术对道德的宣扬,对人的教育、劝诫等社会功能。所有这些都体现出炎黄文化的人生观念、价值观念、道德观念等内容,其中愚昧与文明并存,科学与迷信相交织,我们应该从全面的、发展的角度去认识这些。

作为巫术的语言与普通的语言区别,其根本在于有无民俗的神秘性成分,即是否和巫术的形式或巫术的思维联系在一起。巫术的意义在于人神相通,语言巫术在民俗文化中就有了特殊的意义。一方面,我们可以在某种程度上管窥到原始先民的信仰遗俗;另一方面,我们则可以看到社会发展在民俗文化中的投影。从民俗的传承意义上讲,语言巫术至少有这样几种价值:

第一,它非常鲜明地体现出古老的灵魂崇拜,表现出古代人民的朴素的生命观念。

灵魂崇拜是原始时代相当普遍的观念,人们以为灵魂不死,灵与肉可分可离。这是生命科学发展中最原始的基础——人的立与行是受灵魂的支配的,而灵魂的聚散又受着其他事物的影响作用。这种灵魂的支配者是更为形而上的存在。人们崇拜灵魂,生发出神鬼世界,于是就有了神话传说、仪式歌谣、咒语、祷辞等民俗文化现象。在中原地区的春节期间,人们祭祀天帝和灶君等神灵,常发出“保佑我们全家安宁”的祈祷,要“迎神”,也要“送神”,人在迎和送中靠语言巫术与之“对话”。尤其是在水边居住的人们,每当孩子被淹,不论救活与否,都要唱“叫魂歌”。在葬俗中,人们不是先埋尸骨,而是聚集亲朋把魂送到路上,唱着“送魂歌”,让灵魂先走出家门。所有这些生命意识的表现,构成了语言巫术最基本的内容。

第二,祖先崇拜在语言巫术中的表现,使炎黄文体体现出浓郁的伦理化特色。

祖先崇拜在语言巫术中是对先祖的敬祀而表现出来的。最典型的是“请神”,由神汉或巫婆充当神的使者,通过巫术请来先祖,让他们告知后代吉凶祸福。著名的淮阳太昊陵庙会上,花篮舞和神歌就是这种崇拜的产物。人们希望自己的祖先来干预自己的生活，作为一种传统，在巫术中具有十分重要的意义。它体现出一个民族的思维定式，即依附性。以伦理为中心的社会结构，以人性的压抑在语言巫术中非常突出地存在着。尤其在咒骂巫术中，常提及的“扒谁家的祖坟”这类语言，是人们最为忌恨的。祖先崇拜能激发人们的创造精神；同时，也是沉重的历史包袱，阻碍着社会的发展和繁荣。

第三，语言巫术中的性崇拜集中体现出炎黄文化含蓄而又相当普遍的生殖观念。

性崇拜是民俗文化中广泛存在现象。语言巫术中的性崇拜与生殖崇拜是密切相联的，同时也与人的尊严连在一起。在许多祭神歌曲中，人们提到早期的人类繁衍是兄妹婚形成的，以及感龙而孕、感星而孕的传说，都应该是群婚、对偶婚的遗俗。在咒骂巫术中，人会无情地摧残其诅咒对象的生殖系统，以描绘其丑陋而得到心理上的满足，比如“狗日的”“王八羔子”“狗东西”等。这些咒骂将人与兽相连，以极力贬低对方的人格，其中暗含着对与咒骂相联系的性行为的暴露。更为明显的是咒骂巫术中诅咒者发出的“我将你的×撕烂”等恐吓性的语言，一方面体现出咒骂主体确信这样可以使鬼魂退却，另一方面流露出婚姻形态的发展，以及与伦理观念、人生观念的联系。

第四，语言巫术体现出不同地区不同民族之间的文化交流和社会的发展。

语言巫术是集体进行的行为，和其他民俗现象一样，具有传承性和变异性的特点。炎黄文化中的语言巫术最主要的是与农耕文化密切相连的中原本土文化，其中道教文化的成分最为重要；同时，也受到外来文化的冲击。这里最为典型的是佛文化的侵入和相融。在许多巫术中,佛与道连在一起。如一些道观等道教文化的庙会活动中,人们祭祀鬼神时请来僧人为道教神超度,尤其是唱佛,格外普遍。

语言巫术的发展是随着社会的发展而不断变化的,一方面是对现代语汇的接受和运用,另一方面是巫术行为与现代生活的相融合。在语言巫术中,既有古代社会的遗俗,又有着现代社会的烙印,表现出民俗文化的特性。

语言巫术的科学价值我们应该如何认识,弗雷泽在《魔鬼的律师》中对这类问题处理得颇有启发意义。作为民俗现象的语言巫术,与其说它是一种行为及其语言的表达,不如说它为人们相当广泛地所接受,是因为心理上的浚通和调整,即心理上的利导,对人们信心上的加强,从而增强了人们对生活的勇气。诚然,语言巫术是愚昧的表现,而其中的医学、史学、社会学、未来学等方面的科学价值,我们应该加以辨析、改造、利用。

17

草根与森林共同拥有沃野

——《开封朱仙镇木版年画》的出版特色与编辑特色

木版年画的出现是我国文化发展历史上一个重要事件，既是印刷技术的重要表现，又是艺术水平的典型体现。我们一般都认为木版年画的出现最迟是在宋代，其发祥地是河南开封，朱仙镇木版年画是其重要典型的作品；近年来，在全国范围内开展民间文化遗产的抢救与保护，以及相应的理论研究，于是，这一被称为“草根”的民间艺术很快成为许多人关注的文化热点。《开封朱仙镇木版年画》应运而生，河南大学出版社斥百万巨资推出这一木版年画集成之作，为当前的民间文化热潮增添了浓色。其内容之丰富详备，风格之独特鲜明，在当前出版的相关作品中都是非常突出的。

人们举隅木版年画，向来爱称天津杨柳青年画、山东潍坊年画、河北武强年画、陕西凤翔年画、苏州桃花坞年画、四川绵竹年画、湖南滩头年画、广东佛山年画等地不同的民间文化品牌，往往对朱仙镇这一重要源头的现状则相对较少给予关注。其实，历史传承更为久远，画面布局更为紧凑、合理，色彩更为古朴而丰富的，就目前而言，仍未有太多木版年画作品超过河南开封朱仙镇木版年画。特别是俄罗斯、美国、日本等国外学者尤钟情于朱仙镇木版年画，其名声在外，更能代表我国民间年画的文化风格。《开封朱仙镇木版年画》的出版体现了时代的呼唤，更包含着编者任鹤林先生等一批热心人的辛勤劳动。我曾经多次访问开封朱仙镇，与那里许多民间艺人成为要好的朋友；后来，我让我的研究生把这里的民间艺术传承做成硕士论文。我深感在现实条件下，许多民间艺术在技艺传承上濒临灭绝，木版年画这一草根艺术生长存活格外艰难。这里的年画长期以作坊形式存在，其生产、研究、销售的重要途径一是在朱仙镇本地，一是在开封。应该说，两地密切相联，互相补充，共同造就了这具文化品牌。开封是七朝古都，又长期作为河南省的文化中心，特别是在明清时期，这里的戏曲演出非常频繁，所以开封朱仙镇木版年画中戏曲生活的内容就特别突出；当然，包括朱仙镇在内的开封周边地区，古典文化的传承态势非常明显，那些具有原始信仰色彩的民间文化典型也非常突出。这是和地域文化的传播方式与传播范围是紧密联系在一起的。长期以来，开封作为中原重镇，几代民间艺人共同劳作，形成了一批声名不菲的年画店，诸如“云记”“振源永”“福盛长”“天福利”“汇川”“老店”等知名文化品牌，与朱仙镇的“天成”“天义”“德源”等传统老店交相辉映，各具特色，受到整个黄河中下游地区民众的喜爱；新中国成立后，木版年画与政策宣传紧紧相联，年画创作、研究的宗族、作坊等形制被打破，一批受到现代文明教育的美术工作者与民间艺人相结合，包括河南大学美术系的谢瑞阶、马基光等著名学者，参与这一艺术形式的发展，使年画内容有了很大的变化。后来，地方政府与河南大学的刘铁华(刘岘)教授等著名学者走村串户，踏遍城乡，调查朱仙镇年画，建立“开封市朱仙镇年画生产合作社”，创作并搜集整理了一批数量可观的年画作品；遗憾的是在“破四旧”的浪潮中，尤其是在“文革”中，朱仙镇年画这一宝贵的民间艺术被冠之“封建迷信”等罪名惨遭毁灭，直到20世纪80年代初，才由政府有识之士出面多方呼吁，总算恢复并建立了“朱仙镇木版年画社”，一时间又形成热潮，然而又由于多种原因，这一年画生产基地重新被取消，迄今作为年画生产再度成为以家庭为基本单位的作坊，在现代传媒的冲击下，其生存与发展都面临着十分严峻的考验。本书编者任鹤林先生是在河南大学20世纪70年代中期毕业的，受刘岘等学者的培养，特别是受到鲁迅先生对木版年画钟爱这一文化传统的鼓舞与激励，锲而不舍，三十年如一日，对朱仙镇木版年画不同历史时期的作品进行深入研究，精心挑选了各种形式的典型，编就目前这部《开封朱仙镇木版年画》，完整地体现出朱仙镇木版年画这一民间艺术的全貌。在一定程度上讲，这也是一部开封朱仙镇木版年画史，为我们进行艺术史、民俗史、文化史等方面的研究提供了极其珍贵的材料。特别是其中的新年画，画面上传统的戏曲和传说中的古代人物，被巧妙地置换为新社会的各种人物形象，诸如“婚姻自由”“保卫和平”“大办农业”“以社为家”等，线条、色彩既保持了传统的古朴、粗犷，又简洁明丽，富有强烈的时代气息。这同样是我们对当代文化发展进行深入研究的珍贵资料。而这些内容，则是同类出版物中很少见到的。在材料选择过程中，编者任鹤林为了多搜索相关作品，走遍全国，曾经一贫如洗，家徒四壁，至今未有很好的改善。其毅力、意志、品格，确实令人敬佩。

本书的出版由河南大学出版社承担,这在许多出版社一味强调满足市场需求的两难处境中,也可见河南大学出版社一批编辑家、出版家他们非凡的勇气和目光。河南大学作为百年名校,历史上有许多学者关注、研究朱仙镇木版年画,至今仍有许多学者对此保持巨大热情。河南大学及河南大学出版社选择并接受了这一课题,是得天独厚;特别应该提出的是,责任编辑刘广祥不仅对朱仙镇木版年画有深入研究,而其出生年画世家的这一特殊文化背景,更使本书的出版具有另一番耐人寻味的意义。刘广祥是开封著名年画古店“云记”的后人。建国前,“云记”是常年印刷年画的大型作坊,拥有大面积的场地和门面,并聚集近百人规模的专业刻工、领作、印工等专业生产、销售人员,存版千余套,有自己的独特风格。刘广祥的祖父辈是著名的民间艺人,长期受到家庭关于“云记”年画发展史的教谕,处处留心,稔熟于各种木版年画的相关知识,所以能驾轻就熟,使这一木版年画集在编辑出版上有许多闪光处。特别是书后的《版图索引、说明》,编者与责任编辑将每一幅入选图画的内容、功能、风格、价值进行简明扼要的阐述,准确,生动,这不仅仅为人们欣赏提供了方便,而更重要的是避免了许多误读,对于相关民间传说、民间故事的传播起到十分重要的作用。特别是关于木版年画具体的传承人等内容的介绍,极其难得。因之,它具有相当高的科学研究价值。

本书是传统文献、田野作业、理论研究相结合的集大成之作。我们许多学者在口头与非物质遗产的研究中,常常自觉或不自觉地将其纳入传统文化的一般范畴,运用一般的文化史知识、西方现代文化理论来解读，这有其相对有益的一方面，但在总体上是非常不利的。因为草根艺术的独特性使然，也就说，我们研究口头与非物质遗产，固然离不开传统文化知识与现代文化理论作为自己的重要准备，而问题在于要准确把握草根之根，就不能不理解根下之土，即它存在与生长的文化生活土壤，看到它在民众之中所具有的丰富而独特的功能与价值，特别是它在历史时期的意义。文化，包括民间文化、传统文化、时尚文化（现代文化），在整体上它们是一个相互关联甚至不可分割的系统，然而，其内在属性又是相互有明显区别的；所以，它们有不同的叙事言说方式、阐释和表达方式、传播和运行方式、审美表现方式等存在方式，这就要求我们有更广阔的胸襟和视野去以理性的态度理解判断之。在这种意义上，《开封朱仙镇木版年画》在许多方面表现出编辑者不同寻常的艺术思想和学术理念，从不同方面体现出其对于不同文化类型在民间艺术生活这片天地中的冲突、交融、重叠与建构的深入观察与研究。本书的学术个性、文化个性、知识个性，以立像言义的方式突出地体现出来，是目前我们口头与非物质遗产研究的优秀之作。应该说，这草根与文化的森林根系紧紧相连，共置于我们脚下沉积着几千年文明的文化沃野，生生不息。关于口头与非物质遗产的研究我们应有多元并存的学术方式，更细致更深入更持久地进行研究。

民间文化的土壤非常深厚，其内涵格外丰富。关于民间文化的研究，我们特别需要建立一个完整的自在的理论方法与系统。其中，民间美术以开封朱仙镇木版年画为典型的研究，在这里我们看到一片十分可喜的天地。

18

在继承的基础上创新和发展

——从研究生教育中的“三史”问题说起

研究生教育，尤其是人文科学的研究生培养，离不开哲学史、文化史、学术史三种历史的基础性训练。创新机制应该建立在对此“三史”的牢固把握的基础上，即在继承的基础上有条件地创新和发展。

研究生教育的基本任务就是培养学生在某一领域内对基本理论深入把握的基础上努力创新。创新作为一种目标，也作为一种机制，前所未有地提到了我们的研究生教育体系中。这是大势所趋，更是为研究生教育注入活力的重要因素。然而，我们有许多人对创新能力的培养产生了不同程度的误解，或者简单地理解创新就是直接地与所谓的国际学界对话，或者超越既定的学术存在条件另起炉灶，重打锣鼓另开张。一个最突出的问题就是，要么食古不化，要么食洋不化；尤其是食洋不化，具体表现在面对纷繁的国际流行新说，眼花缭乱，走马观花，似乎走向世界就是简单地撷取几个西方名词，贴上洋标签就等同了创新。由此带来的形式主义、技术主义等现象，不同程度地暴露出我们的研究生教育，特别是人文科学研究生教育中的薄弱性，长期发展下去，其弊端会越来越严重地伤害到我们的教育体制的健康发展。

如古人所言，冰冻三尺非一日之寒，不积跬步无以致千里，厚积才能薄发。研究生教育的时限一般在三年，这三年中间的第一年要投入大量的精力去学习外语和政治课程，包括计算机技术，那么有效进行专业学习和训练的时间，在除去第三学年进行论文写作时，也就只有一年多。这就在事实上形成一种尴尬，我们如何面对日新月异的现代社会发展？基础性的薄弱问题越来越突出，相应地形成普遍的浮躁、浅薄、张狂的风尚，其实质在于严重的不自信；当然，这些问题的形成是由多种因素造成的。那么，面对这种实际，我们应该如何有效解决这诸种弊端呢？

我以为，本固邦宁。研究生知识谱系的整体性训练，应该强化基础性的内容；对于人文学科的研究生来说，加强“三史”即哲学史、文化史、学术史的学习尤为重要。

我们知道，哲学在一般的意义上来讲，就是世界观和方法论。我们的价值立场，我们的学术观察方式，都离不开哲学的训练。但是，在我们的现代社会发展中，我们常常顾此而失彼，不自觉地偏于一极，即只重视对西方哲学的学习，而忽略了对我们的古典哲学的基本把握。东西方哲学，包括古代和现代，都受制于不同民族具体的生活方式和生产方式，从自身的实际存在和需要出发，表现出不同形式的哲学品格。这中间，不同的理念，即各具形态的哲学思想便成为我们认识和把握世界的取舍对象。简单说来，就是用什么目光看世界，包括我们自身。在1840年之前，我们的哲学思想是相对稳定的，尽管不同历史时期也有诸多智者提出一些新的见解,但他们都未构成主流。所以,冯友兰先生说先秦以来没有哲学思想的发展。天人合一,天人相应,其实都没有太大的差别,都是在讲述道、理、自然等范畴;而同时期的西方哲学就不同了,以及阿拉伯哲学,诸种新说迭起,极大地丰富了人类社会的哲学思想发展。这些都是属于整个人类社会发展的遗产,在当今世界以不同形式构成人们共同拥有的思想资源和精神资源。但是,我们不得不承认,我们更多的人在盲目地忘情地拥抱着尼采、海德格尔他们,常忘却了在我们自己的哲学历史上有着极其丰富的思想资源,而这些思想对问题的揭示,其深刻程度在许多方面并不亚于西方学者。作为人文学科的研究生是有责任懂得这些内容的。也就是说,我们必须更为理性地懂得西方与东方相对全面的哲学历史,在现代社会不同民族越来越激烈的竞争中能坚守文化上的自我——所谓的超越国界和民族的价值立场在很大程度上是有虚拟成分的。诚然,如我们的祖先所言,当见贤而思齐,应该学习更先进的思想和文化,问题在于像塞义德所强调的那样,“他者”是客观存在的,在东方主义的视野里,欧洲中心主义为何统摄世界那样长久?这都包含着非常具体的民族利益。如美国人在今天所宣扬的许多理念,貌似公允,但在事实上包含着其浓郁的“美国精神”。我们的哲学史也并不是全部为我们自己所拥有,但是,如果我们不懂得这些应该为我们所懂得的内容,那就必然造成时代的缺憾。况且,我们的哲学发展作为历史的存在,其传承千百年,这本身就包含着社会的合理选择。在相当长一个时期内,民族虚无主义造成了对古典哲学的诋毁,在思想上弥漫着不自信,所以处处抑制自我,在实际上构成了殖民色彩的世界观,更多地强调在用的前提中对古典哲学的丢弃。这种风尚在今天仍然存在。睁开眼睛看世界应该是从自己的目光出发，更是为了壮大自我，发展自己包括发展自己的哲学思想。明白了自己的责任和权利，有了明确的目标，人生的价值才能更有意义地体现出来。21世纪，人类社会越来越多地拥有共同的思想资源，包括哲学思想，但我们任何时候也不能忘却民族的立场。在事实上，反对民粹主义，动辄将别人冠之以民族主义或再加上“狭隘的”名义的人，很难说其居心的真实。地球村的界限越来越清晰的时候，民族的立场会随之更加具体。我们的研究生如果连这一点都不懂得，而仅仅把哲学理解为一种认识世界的工具，其创新的意义又如何体现呢？更具体地说来，如何避免新的殖民主义形成和泛滥，其首要问题就是要懂得自己真实而全部的历史，我们必须警惕以大同为幌子的各种学说背后的目的，包括资源掠夺所依据的各种花样。一句话，高屋建瓴，只有懂得东西方民族共同的哲学，我们的目光才能真正地去正视世界，既不斜视，也不蔑视、鄙视。

文化史的学习应该加强。

同样，文化史包括东方的，也包括西方的。相比哲学史而言，这一点我们更薄弱，当代研究生既不能全面把握我们自己的文化史，也不能全面把握西方文化的历史，说得显白一些，只是懂得去寻找二战以来的几个重大事件而已，或者只盯着互联网上几个热点问题。这在事实上构成了一种即时性的文化消费，依据这样的文化知识背景去创新，又会有什么样的前途？

文化的历史，其核心是一个民族最为集中、突出而具体的思想事件和精神事件所构成的发展变化轨迹与规律。其实质是记忆和传承、传播的内容；而记忆作为一种传递文化精神的原点，其形成无疑是一个民族极其重要的选择。与哲学的发展历史一样，文化的历史是一个民族思想的历史，也是一个民族精神的历史，构成一个民族坚定的信仰和意志，在历史的发展关头，秉承着它去战胜敌人，同样，也依靠它去结交朋友，与世界对话。所以，我们常讲一个民族没有文化就没有立身世界的资本。文化是一个民族经过世代奋斗创造出来的，既是一个民族的资源，生存的基础，又是一个民族的尊严，代表着一个民族的文明品格。应该说，当今世界，无论人数多与少，无论疆域大与小，无论其历史长与短，其对人类文明的发展，在不同的民族中都是平等的，都值得我们去敬重它。所以，我们尽力去懂得包括我们在内的更广大的民族的文化历史。在各民族发展的历史上，文化是平等的，但文化的内容则确实是存在着千差万别的；当然，因为多种因素，各个民族对人类文化发展的贡献也是存在着差别的。我们提倡和谐，即和平相处，即相互尊重，共同发展，不但要懂得自己的文化，而且要懂得他人的文化，即知己知彼，才能广交朋友。人文学科的研究生不懂得文化的价值和意义，又如何去深入研究文化的发展呢？换句话来说，不懂得文化民族的历史，又怎样真正理解文化的价值和意义呢？

文化发展的历史和社会发展的历史一样，代表着不同民族发展的水平，也代表着不同民族发展的形态和风格。古人讲，国之大事在祀与戎。祀，就是香火相传，子孙后代不忘民族发展的历程，包含着具有丰富内容的祖先崇拜等信仰因素，或者按今天的话来说，就是要保持可持续发展。祀是祭祀，崇拜祖先，崇拜天地自然，崇拜英雄，崇拜生命。崇拜就是具体的文化；它之所以成为一个民族的命脉,与国防一样构成一个民族的安危,这就充分说明其价值和意义的非同寻常。在这一点上可以说,我们的祖先早就认识到国家文化安全问题。与之相比,我们则显得麻木,许多人不懂得对本民族文化的守护。尤其是对待传统文化,一些人不但不懂得尊重,而且动辄鄙夷之,甚至极其粗鲁地把他人对民族传统文化的守护简单地概括为文化保守主义。一个日益突出的现象是,似乎谁谈传统文化谁就是文化保守主义;若谁谈网络,谈西方文明,则谁就是先锋,就是先进。这是十分荒谬的。这使我们想起现代学术史上的整理国故和全盘西化问题,若我们深入考察其历史的真实就会发现,胡适也好,陈序经也好,都是在寻求如何使我们中华民族的文化得到健康而切实的发展,都是以守护本民族的文化为职责所采用不同的手段、方式。一个共同点就是他们都相当熟悉我们的古典文化,都是满腹经纶。而现在呢?究竟有多少人懂得我们的文化发展历史呢?在我们的历史上出现过许多英雄豪杰,引起我们的尊重,他们的基本标志就是气节,就是文化品格、文化精神的高洁,如果他们动辄简单地丢弃自己的文化传统,哪里还会有品格与精神的光照千秋!今天,我们懂得了文化的重要性,一方面在通过多种形式学习他人的文化,理解他人的文化,进行多种形式的文化交流,寻求沟通、对话,求同存异,共同发展和繁荣文化,其中一个重要的内容就是懂得世界各民族文化发展的历史,像我们组织大量人力进行其他民族文化史包括其重要典籍的翻译,都是在力求实现这些;另一方面,我们珍惜本民族的文化,进行科学的发掘、整理、保存和利用。现在,我们可以看到这样几种可喜的局面,如考古发现,通过实物辨认具体地看到文化发展;整理古代典籍，诸如各种集成、大典，让文化系统注入更厚重的内容；发掘口头和非物质遗产，抢救和保护那些濒临灭绝的民间文化；文化产业，如旅游文化、网络文化的多种形式的开发，人们看到了文化的经济职能、社会职能等更多的利益。这些活动都不同程度地记述、创造着文化发展的历史，让我们看到文化在社会发展中所起到的历史作用与现实作用。也就是说，文化的发展也有历史的一惯性，谁也割不断昨天与今天的联系；那么，不懂得一个民族昨天的文化，如何懂得其今天的文化呢？到哪里创新呢？

学术史是研究生教育体系中一个不可或缺的内容，它像一个路标，告诉人们有哪些问题已经解决，或没有解决，或解决得不够全面，还有哪些需要解决，让人看到这个学科的历史，即发展进程，也让人看到这个学科的前途、责任和性质。懂得了一个学科的发展历史，人就会少走许多弯路，就会有一个清醒的头脑。与此相应的是无知，无知常常无畏，无畏并不是创新的基础；相反，有一个清醒的头脑，才能更益于创新。一个糊涂脑袋，只会乱撞，只能是破坏。这种教训有许多，它告诉我们，在科学的道路上需要勤奋刻苦，任何懒惰都是无益于学科发展的。我们必须遵守学术规律，不能盲目跳跃，要扎扎实实。

我们知道，任何一个学科的建立与发展都是几代学人通过十分艰辛的努力筑构成的，而一个学科的历史即学术史，所记载的就是在不同时期的学者的贡献与努力。一个学科的形成与发展，包括其学术范畴、学术方法，每一点都是许多人的智慧与聪明的集结，在这种意义上，我们应该有足够的敬畏之心。也就是说，在创新发展的准备上，我们应该懂得如何尊重他人尤其是前辈学者的成果。但是,我们有许多年轻的学者,特别是研究生教育中,科学风度日渐式微,粗暴、简单、狭隘地否定他人,哗众取宠,一味追求标新立异的风尚则大有愈演愈烈之势。说到底,还是无知乃如此无畏。

学术史的一个基本职责就是告诉一个学术事件或一个学术问题的形成与发展及其结果,在学术发展过程中大浪淘沙所形成的里程碑式的经典著述。所谓经典,无疑就是典范,它的形成有多种因素,其不在文字多少,也不在话语表述方式是什么样的风格,重要的是在于它揭示事物发展化规律的全面准确的程度。在学术发展中,理念的创新正是在经典的意义上的延伸,充满探索,更充满对前人的补充、修正,但我们更多的人曲解或误解了这种意义。有一位学者讲得非常好,他说,读书一定要精读几本学科现代的经典著作。牛顿说,他之所以比别人看得更远,是因为站在别人的肩膀上。经典著作在学术史上是有其特殊地位的,而特殊就是在于其代表了某一个学科在某一个时期的最高水平,它是集大成者,总结了本学科的重要思想;当然,只读经典还不行,必须结合学术史,全面地去读、去理解、去把握。同时,不但要读本学科的学术史,还要多读相关学科的学术史,学会触类旁通。关键在于通,培养自己宽阔的胸怀和视野。我们常讲,隔行如隔山,理解一个新的学科的基本含义相对较为容易,而真正深入理解则是相当艰难的,但是我们又不得不去理解,特别是对于人文学科,若我们只理解本学科的学术史,这将会限制自己的发展。诸如文学研究,文学史是基础,如果历史、地理、哲学、宗教、艺术等学科也有基本把握,它肯定有益于本学科的迅速发展;何况文化本身就是一个巨大的整体,其各个事项之间相互关联。对于研究生教育，开阔学术视野的一个有效途径就是多读一些本学科和相关学科的学术史，先在宏观上有一个最为基本的把握，然后在点上去更深入思索。当然，我们不应该只满足于在宏观上去把握一些学术命题，真正的学术飞跃都是通过典型个案形成创造性研究成果的。一味读学术史，很容易造成好高骛远的缺陷，也容易形成浅尝辄止，或者望而生畏。但是，读学术史，在总体上来讲，其远远胜过不读。我们的研究生生源有多种，有跨学科的，有本学科的，特别是对于跨学科的研究生，多读学术史，在较短的时间内能较为全面地把握一个学科的发展历史，这不仅节约了时间，更有益于其在阅读之中具体感受到能够嫁接的内容，学科的交叉点和生长点其实有相当多的就在这里。那么，创新机制的激活，有许多内容也就是因此而形成。

最后应该说明的是，“三史”只是研究生学习应该掌握的一个轮廓，它不能够代替具体的学科训练。但是，掌握了这样一个轮廓，许多问题的掌握无疑会有更多的便利，而且这应该成为一种基本训练，在此基础上的创新会更为厚重，更为深刻。特别是我们应该明白，这是学术训练的重要基础；一味追求创新和发展而忽视了基础性工作，将会带给学科发展许多不必要的障碍。我们尤其应该让研究生明白，任何创新都离不开必要的继承，过分追求创新常常会形成急功近利，况且创新就是超越，而任何一个学科的发展每一步都充满了艰辛，包含着多少人的探索！

19

中国神话宣言

太阳是鲜红的，鸟瞰群山巍峨，江河奔腾，红彤彤的光辉洒遍神州赤县，于是，天地间便有了永不褪色的光明和温暖。

中国神话和太阳一样是鲜红的，蓬勃，昂扬，日日夜夜尽情歌唱人间永不褪色的创造、奋斗、奔波、跋涉、探索；望岁月峥嵘，风起云涌，中国神话千古传诵盘古开天辟地；女娲抟土造人、炼石补天；伏羲教人渔猎、创制八卦；炎帝神农种植五谷、肠一日九断而尝百草；轩辕黄帝振德修兵，使嫘祖蚕桑丝织，使仓颉造字，使高元造屋，使王亥牧猪，使百官造指南车、造音律、造算术、造医学，统一华夏，定鼎中原；帝喾、颛顼绝地天通；尧舜禅让天下；大禹治水十三在外三过家门而不入；王母升仙，嫦娥奔月，后羿射日，夸父追日，精卫填海，愚公移山……昆仑之墟，天河两岸，中国神话如无数的珍珠，璀璨，耀眼；更有各少数民族的创世神话、洪水神话、迁徙神话、英雄神话，中国神话展现出一幅幅无比灿烂的神圣景观。

中国神话是我们中华民族文化星空永不陨落的日月星辰，

是我们中华民族文化海洋生生不息的金木水火土，是三山五岳、五洲四海，是你，是我，是他，是我们中华民族共同的根，是我们遍布世界的炎黄子孙世世代代奔腾不息的血液，是我们中华民族历经风雨而坚不可摧、顶天立地的骨骼。无论何时，无论何地，凭着这共同的歌声和图画，我们都能寻找到我们的同胞，同声歌唱我们伟大的祖国！

中国神话和其他民族的神话一样，是一个民族童年的圣歌，永远鲜美如画，铭刻着祖先们惊天地泣鬼神的功劳；迄今，中国神话仍然是我们宝贵的精神资源，鼓舞我们不屈的斗志，战胜一切艰难险阻，特别是在民族危亡的历史关头，鼓舞我们为民族独立、解放、自由而敢洒热血。中国神话鼓舞我们以宽广的胸怀拥抱世界，自强不息，厚德载物，不断为人类的和平、进步、发展做出积极贡献。

中国神话是我们中华民族神圣的财产，聚集着亿万人的聪明和智慧，代表着亿万人的意志、毅力、品格、情操，铸造成亿万人神圣不可侵犯的尊严，永远金光灿灿！迄今，中国神话仍然是我们宝贵的思想资源。我们崇尚团结、进步、平等、和谐，崇尚无私奉献，崇尚科学、文明，崇尚对于天地万物的尊重，崇尚对于子孙后代的责任与义务，所有这些，我们都能在神话中找到源头。

中国神话是我们中华民族极其丰富的文化资源。古印度、古埃及、古巴比伦、古希腊……世界各民族都以自己拥有美丽的神话为光荣和自豪。我们中华民族也是这样，中国神话有着自己独特的结构体系，它存在于浩如烟海的古代典籍之中，被供奉于庙堂，被一代又一代文人墨客吟唱。今天，它还存在于民间百姓的口头，以民间庙会、民间舞蹈、民间泥塑、民间戏曲、祖先崇拜等民间社会生活形式表现着，传承着，变化着，发展着。在许多地方，一些神话人物被命名为大山、大河；在许多重要的节日，一些神话人物被请进千家万户，被百姓们亲切地称做自己的亲人。这些现象是中国文化在世界文化发展史上一道独特的风景线！神话作为民间文化的典型，成为中国民间文化创造和发展的重要基础，是它们不可替代的道德经典、法律经典、哲学经典、艺术经典，生活的百科全书。更为重要的是，它与《十三经》，与《二十四史》，与《四库全书》一样，是中国文化的半壁江山。

但是，我们看到，中国神话的传承与传播在现代文明的条件下正面临着一种新的挑战，几千年农耕文明形成的文化土壤发生了异常重要的变化，作为口头与非物质遗产的神话同样面临存在形式的改变，甚至濒临灭绝。所以，我们在全国范围内开展了一场轰轰烈烈的民间文化遗产抢救与保护运动。中国神话自然是重中之重。研究中国神话的抢救与保护是我们不可推卸的责任。

今天，我们怀抱着一个共同的信念，抢救和保护包括神话在内的口头与非物质遗产，研究人类文明发展与变化的规律，保护人类文明家园，我们的心如骄阳似火；

今天，我们从政府到民间，社会各界、各阶层，形成了尊重民间文化，尊重每一个民族的文化主权，珍惜民族文化遗产，多元筑构五彩文化世界的共识，努力建造和谐文化，大力推动文化产业的科学发展，我们的心如浪涛澎湃；

今天，来自世界各地的宾客，携手走进中原大地，一同感受司马迁笔下“昔三代之居皆在河洛之间”的水光山色，品味中国神话中的钻木取火，结网渔罟，告别茹毛饮血，俯则观法于地，仰则观象于天，画河图洛书，演绎卦象，领略曾经代表人类文明发展的辉煌，数点中国神话万千气象。我们无比自豪，无上光荣！

今天，我们寻觅和保护神话传承人，全面而准确地绘制神话传播区域地图，辨析神话结构层累构成，阐释神话多重文化内涵，整合各种学术思想和方法，加强神话研究更深入更广泛的进行，更准确地揭示包括神话在内的人类文明形成发展及其可持续发展规律，繁荣学术，让神话学为社会进步、文化发展和人类幸福做出更大贡献。

我们相信，中国神话学一定会有更加美好的明天！

中国神话，包括中原神话，它不但属于中国，而且属于全世界，属于全人类；它不但属于历史，而且属于现实，属于未来。中国神话学应该立足脚下，面向现实，面向民间，面向世界，面向未来！

我们走进民间，走向世界。

中国增彩世界，世界喝彩中国！

2006 年 8 月 11 日

于“三皇故都”河南周口

20

鼓神考

鼓是我国重要的民族乐器;鼓神在以神话传说为基本内容的原始信仰中具有独特而丰富的意义——我们从中可以看到艺术起源复杂的文化背景。这是音乐史一个重要课题。在我国音乐史的研究中,鼓作为文化存在的研究,还有许多值得深入探讨的内容。鼓神及其信仰的考察,对于我们研究音乐发展史具有非常重要的意义。见诸文献中的鼓神,应该说最早数《山海经·大荒东经》:

> 东海中有流波山,入海七千里。其上有兽,状如牛,苍身而无角,一足,出入水则必风雨,其光如日月,其声如雷,其名曰夔。黄帝得之,以其皮为鼓,橛以雷兽之骨,声闻五百里,以威天下。

《山海经》是我国神话保存最早的一部典籍,其作者可考的,是先秦时期战国时人。其记述内容包括原作文明中丰富的神话传说和信仰,当然,还包括原始先民想象中的世界构成与天地自然的具体布局;因而,许多学者从不同的知识背景与学术视野出发对其进行阐释和总结，追溯自己需要探寻的文化源头。[①] 音乐史也不例外，在这里我们可以看到鼓神信仰最初的存在形式。其中，夔与黄帝之间的关系成为这则神话的轮廓，一是夔的形状“如牛”，一是“以其皮为鼓，橛以雷兽之骨”而“威天下”，这两方面的内容成为我们解读其信仰构成的重要端口。也就是说，牛神崇拜和雷神崇拜在原始信仰中的意义，是我们理解鼓神源头不可忽视的重要出发点。

从文物出土材料中可知，商周时期已经有鼓的大量使用，其大部分是木质，如河南安阳侯家庄大墓中就曾经发现有蟒皮面与木架组合的痕迹。迄今可数，已经有湖北崇阳出土的兽面纹鼓等实物；容庚《商周彝通考》（1941，哈佛燕京学社铅印本）曾附列“双鸟怪神纹鼓”（980 乙），其鼓匡装饰物为头生大角的怪神，鸟形座。[②] “纹”的符号意义是很重要的，最早在山东日照龙山文化遗址黑陶上就已经发现变形动物纹。此后，玉器、青铜器也发现有兽面纹饰、鸟纹饰等原始信仰意义的符号，其中的牛纹、牛角型兽面纹、龙纹（夔纹、夔龙纹）、雷纹（云雷纹、百乳雷纹、曲折雷纹、钩连雷纹、三角雷纹、菱形雷纹）等纹饰的意义有着更为特殊的内容。因为相关的纹饰符号，我们在文献中都可以找到可以对应的材料。如《周礼·地官·鼓人》中曾记述“掌教六鼓四金之音声，以节声乐，以和军旅，以正田役”，“教为鼓而辨其声用，以雷鼓鼓军事，以鼖鼓鼓役事，以晋鼓鼓金奏”。显然，这里在述说鼓的不同功能，在音乐、军事、信仰等方面鼓器

---

① 高有鹏、孟芳：《神话之源——〈山海经〉与中国文化》，河南大学出版社 2001 年版。

② 朱渊清：《中国出土文献与传统学术》，华东师范大学出版社 2001 年版。

乐所起到的重要作用,而这些功能作为习俗一直沿袭到今天还被保存,如音乐艺术中的鼓曲、民间耕种(插秧、除草)和驱疫(傩)等文化生活,应该说都是鼓俗遗存,可以观古,甚至证古、释古。俗语中的晨钟暮鼓,古代城市建制中的钟楼和鼓楼,其作为口头与非物质遗产的意义所在,源头上正是在这里。

为什么鼓以夔为典型,要为黄帝所得呢?其最重要的目的其实就是“以威天下”,将牛状的兽与雷兽的骨统一在黄帝的威严之下,形成秩序的稳定,以此衍生出许多神话传说和各种相关的民间信仰活动。在这里,我们看到这样一条踪迹:“鼓—夔(牛)—雷—威”的发展线索,出发点是黄帝,归结点也是黄帝,鼓作为音乐器乐的价值及其在文化秩序、社会秩序中的基本意义,以此体现出丰富多彩而又尤为独特的内容,融入我们的生活之中。

首先是夔。

夔的形象充满怪异。如《国语·鲁语》中就直言“木、石之怪曰夔”。韦昭注曰“夔,一足,越人谓之山缫”,“人面,猴身,能言”。许慎《说文解字》中说:“夔,神魖也,如龙,一足,从文,象有角手人面之形。”薛综在注《东京赋》中则说:“夔,木、石之怪,如龙,有角,鳞甲,光如日月,见则其邑大旱。”与《山海经》相比,叙述更具体,也更丰富。其中,原来的“苍身而无角”变成了有角。后来《法苑珠林》卷五十八对其更进一步描绘为“山之精,名夔,状如鼓,一足而行。以其名呼之,可使取虎豹”。夔牛为鼓,在这里事实上是古老的图腾宣言,如郭璞注《山海经·中山经》“岷山”之“多夔牛”时便说:“今蜀中有大牛,重数千斤,名为夔牛。”牛图腾问题包含着对地祇的崇拜,以此推当包含有地母意识，再类推又有生殖崇拜，那么，击鼓的意义在某种程度上就有唤醒男性对女性的特殊的记忆。甚至可以说，每一次击鼓，在事实上都构成了以父权制为基础的呼号，更是对个体生命权利在社会秩序中应有地位的呼唤。[①] 我们从这种“一足”的隐喻内容中或许可以找到如此阐释和演绎的根据。而音乐人类学不正是在这种进化论为基础的论述中，在努力揭示音乐器具与原始信仰等内容的联系吗？也可能后世人们制造鼓这种器具时更看好牛皮，就是这种心理在起重要作用，即雄性力量的尽情显示所包括的对生命、生殖等文化生活意义的呼唤，从而形成生命的艺术展示、宣泄。

所以，夔便以力量的象征成为一位音乐大神。如《尚书·益稷》中记述道：

> 夔曰：戛击鸣球，搏拊琴瑟以咏，祖考来格。虞在位，群后德让，下管鼗鼓，合止柷敔，笙镛以间，鸟兽跄跄，箫韶九成，凤凰来仪。夔曰：於，予击石拊石，百兽率舞，庶尹允偕。

在这里，夔不仅仅是一般的鼓神，而且是一位卓越的音乐大神。《礼记·乐记》说：“夔始制乐以赏诸侯。”《吕氏春秋·古乐》说：“夔乃效山林溪谷之音以歌，乃以麋革各置缶而鼓之，乃拊石击石，以象上帝玉磬之音，以致舞百兽。”《荀子·成相》说：“夔为乐正，鸟兽服。”《淮南子·泰族训》中说：“夔之初作乐也，皆合六律而调五音，以通八风。”人们把所有的美誉都送给了这个“一足”之神，而其“一足”的意义也不断得到新的阐释。《韩非子·外储说左下》中提到“哀公问于孔子，曰：吾闻夔一足，信

---

① 赵国华：《中国生殖崇拜论》，中国社会科学出版社 1988 年版。

乎？曰：夔，人也，何故一足？彼其无他异，而独通于声。尧曰：夔，一而足矣。使为乐正。故君子曰：夔有一，足。非一足”。《风俗通义·正失》说：“俗说夔一足而用精专，故能调畅于音乐。”《孔丛子·论书》说：“夔为帝舜乐正，实能以乐尽治理之情。”《文选·甘泉赋》更是把它作为音乐艺术的一种至高境界，称“阴阳清浊，穆羽相和兮，若夔、(伯)牙之调琴”。当年的那副“人面、猴身、能言”，“越人谓之山缲”，甚至“见则其邑大旱”，这样一个丑陋、不祥的“状如牛”的神兽，于斯时也通过音乐艺术使天下一片太平，获得了崇高的声誉。而从另一种角度，我们又可以看到夔作为“木、石之怪”，“出入则必风雨”，“见则其邑大旱”，“其声如雷”的内容，在原始人看来并不是丑陋，而是力量的代表。如《法苑珠林》中所说的“以其名呼之，可使取虎豹”，可能正是“声闻五百里，以威天下”的文化发生基础。而且后人驱疫避邪，也应与此有关，即巫的意义。①

其次是雷，包括雷兽之骨的含义。

“橛以雷兽之骨”，乃有“声闻五百里，以威天下”，其实述说了鼓槌的重要意义。鼓槌的隐喻，若从音乐人类学的角度，我们或许可以解释为男根的象征，即每一次击鼓，都意味着“仲春之月，令会男女”的桑间濮上的演习。郭璞在注《山海经·大荒东经》这段话时说：“雷兽即雷神也。人面龙身，鼓其腹者。橛犹击也。”《山海经·海内东经》提到“雷泽中有雷神，龙身而人头，鼓其腹(则雷)。在吴西”。有人说雷泽即震泽，或在太湖，或在濮阳，在东方。这里使人想起三国吴人徐整在《五运历年纪》

① ［英］J. 弗雷泽，徐育新译：《金枝》，大众文艺出版社 1998 年版。

(《绎史》卷一引)所提到的“首生盘古,垂死化身,气成风云,声为雷霆”,任昉《述异记·上》也提到“先儒说,盘古泣为江河,气为风,声为雷,目瞳为电。古说,盘古氏喜为晴,怒为阴”。那么,盘古是否也可因此而成为雷神呢?应该说是可能的,盘古自然等同于盘鼓。《太平广记》卷十三引《尚书·洪范·五行传》中提到“雷于天地为长子,以其首长万物,与其出入也”;《艺文类取》卷二引《华阳国志》述为“雷于天地为长子,以其万物为出入也。雷二月出地,百八十日,雷出没,万物出。八月入地,百八十日,雷入则万物入”。《太平御览》八七六引《河图》提到“臣僭奢,下犯主,则雷电击朝”,更是把雷提到天之使者的崇高位置。《太平广记》卷三九四引《投荒杂录》中提到“人或有疾,既扫虚室,设酒食,鼓吹幡,迎雷于数十里外,既归,屠牛彘以祭”。官与民皆以雷为神使。其他如《搜神记》卷十二所述“(其)唇如丹,目如镜,毛角长三寸,余状似六畜,头似弥猴”,《太平广记》卷三九三引《录异记》所述“执赤蛇,足踏之,瞪目欲食”等材料,可知雷神并非一个,而且在不同时代又发生重要变化。在这里我们也不是用后世材料证明前者,而是力图说明“雷兽”与鼓的联系之中存在着民间信仰的复杂联系,即原始信仰在后世生活中不断衍化成新的文化形态,但是敬畏雷霆的原始思维方式并没有发出根本变化,而以此形成的鼓神信仰也就自然被传承。雷神在民间信仰中既是时间单位报时者,又是社会道德监督者;作为鼓神,以夔为典型,从自然神崇拜转变为艺术大神即音乐大神,成为社会秩序、文化秩序、道德秩序的重要维护者,这一过程包含着丰富而独特的意义。特别应该提到的是,鼓神作为艺术之神,音乐大神,其多体系并存,包含着更复杂的内容。也就是说，夔是十分重要的鼓神，而鼓神并不是只有它一个，即使在原始信仰中，也曾经有多个鼓神。但夔皮或牛皮与雷兽作为鼓槌的碰撞击打行为，确实应该看做是音乐发展史上的强音形成和发展的变相体现。在结构人类学上讲，这是音乐艺术发生发展的置换变形。以此，我们理解了夔神话的意义，看到了牛神崇拜、雷神崇拜等原始信仰的相互间碰撞嬗变的轨迹，便不难理解《吕氏春秋·古乐》中“昔葛天氏之作乐，三人操牛尾以歌八阙”在音乐史上的复杂含义了。或许我们可以说，是以牛为图腾的部落较早发明了影响深远的鼓这种重要的音乐器乐；黄帝与夔的联系，就是战争，即一个氏族或部落对另一个氏族或部落的吞并、征服，其中夔神话中的“如龙”应该是被黄帝族熊（龙）图腾征服浸染的痕迹，而其“山缲”的“人面、猴身”则应该是其氏族部落中图腾遗存形成的一部分。从神农炎帝“人身牛首，长于姜水”（《艺文类聚》卷十一引《帝王世纪》），“孤泉氏蚩尤，姜姓，炎帝之裔也”（《路史·后纪四》），及“人身、牛蹄、四目六手”（《述异记·上》）等图腾材料可测，鼓神夔神话其实就应该是黄帝对牛图腾的炎帝、蚩尤神性集团的征服、融合。[①]

与《山海经·大荒东经》中夔皮为鼓相对应的是钟山之子“鼓”的神话。《山海经·西山经》：

> 钟山，其子曰鼓，其状如人面而龙身。是与钦䲹杀葆江于昆仑之阳，帝乃戮之钟山之东曰遥崖。钦䲹化为大鹗，其状如雕而黑文白首，赤喙而虎爪，其音如晨鹄；见则有大兵。鼓亦化为鵕鸟，赤足而直喙，黄文而白首，其音如

① 何星亮：《图腾崇拜与人生仪礼》，《社会科学战线》1989年第3期。

鹄;见则其邑大旱。

从叙事结构上看,这和夔并没有什么太多的不同,只不过一个是“状如牛”,“其声如雷”,一个是鸟(伴随另一只鸟),都有“见则有××”的不祥之示。这里的“其音如晨鹄”“其音如鹄”与“其声如雷”都预示或标志着音乐之神的真正身份。“鼓”的形状与鸟相联系,在事实上与“山缲”的叙事意义是一致的。《山海经·海内经》中又将“鼓”与“延”“殳”联系在一起,称炎帝之孙伯陵“同吴以之妻阿女缘妇。缘妇孕三年,是生鼓、延、殳。殳始为侯;鼓、延是始为钟,是乐风”;这同《竹书纪年》沈注所述“(帝喾)使鼓人拊鞞鼓,击钟磬,凤凰鼓翼而舞”,同高承《事物纪原》卷二引《通历》所述“帝喾平共工之乱,作鼙鼓、控(篗)、楬、埙、篪”,在叙事意义是相同的,即显示其音乐之神的内在联系。“鼓”与“钟”“乐风”的联系,在事实上告诉人黄帝族以音乐征服世界,因为喾是黄帝之孙。《吕氏春秋·古乐》中所述颛顼“令鱓先为乐倡,鱓乃偃寝,以其尾鼓其腹,其音英英”,也是在述说这种意义。

这应该就是我们在音乐史研究中所忽略的一个问题,即我们要注意到在器乐构成的文化阐释体系中法理所体现的意义。音乐有教化作用,整顿情绪、宣泄苦乐,所要达到的是对秩序的维护。如《周礼·冬官·考工记》郑玄注中提到“皋陶,鼓木也”;《述异记》提到“獬豸者,一解之羊也,性知人有罪。皋陶治狱,其罪疑者令羊触之”。鼓神是神圣的,鼓曲亦当是神圣的,而鼓木作为鼓神系统的一个重要符号,它同样充满神圣性,自然,法的秩序性意义也正是在神圣性叙述与阐释中间不断强化起来,因此,我们就不难理解《淮南子·本经训》中所述“尧置敢谏之鼓”神话的意义所在了。于是,鼓作为器乐被用来驱疫,也就具有同样的文化蕴涵。如《路史·后纪五》罗氏注引《黄帝内传》说:“黄帝始傩。”《绎史》卷五引《庄子·逸篇》说:“黔首多疾,黄帝氏立巫咸,使之沐浴斋戒,以通九窍,鸣鼓振铎,以动其心,劳神趋布,以发阴阳之气,茹葱以通五藏,击鼓呼噪,逐疫出魅。”从《礼记·月令》中的“季春之月令国傩”“季冬之月命有司大傩”等分别“毕春气”“达秋气”“送寒气”,到《荆楚岁时记》中提到的腊日“村人并击细腰鼓,戴胡头,及作金刚力士以逐疫”,再到《天下郡国利病书》卷七十六所述“赛盘古”提及“衡人赛盘古重病及仇怨,皆祷祀,今讹为‘盘鼓’”,事实上正是上述盘古为鼓神神话的阐释表达与世俗演习。也就是说,法理的意义贯穿在以音乐为代表的整个文化史、艺术史之中,将此理的秩序性意义有机融合于宣泄情感的艺术张显之中,形成我国音乐文化的重要特色。与其他艺术形式一样,音乐艺术从来都不是独立存在的。每一种艺术形式包括器乐在符号意义的阐释上,都需要我们从多角度多层次尤其是多学科视角来理解。在鼓神的形成、嬗变和信仰发展中,我们可以深深感受到这些内容。

21

中国近代民间文学史的重要一页

——晚清诗人陈季同的创作与民间文化

在中国近代民间文学的历史发展及其学理上的研究，作家与民间文学的关系是我们不能回避的一个问题。

在我国近代社会文学发展中，一批有出使异域为外交官身份的作家，其文学创作（包括翻译活动）具有更为特殊的意义。他们更直接地感受到西方现代文明的实际，与自己的民族文化形成尤为强烈的对比；以陈季同、黄遵宪、郭嵩涛等人为典型，在他们的作品中，一方面表现出对现代文明的热烈拥抱，体现出浓郁的时代感与责任感，另一方面则表现出对以下层民众为主体的民族民间文化的特别关注，体现出对社会变革的呼号与庄严的使命感。这是我国近代文学史上相当显著的一个现象。

陈季同（1852—1907），字敬如，号三乘槎客，福建侯官（今福州）人。清同治六年（1867），陈季同入福州船政学堂前学堂读书，学习法语与舰船制造，毕业后入清政府派驻欧洲的公使团，被任命为公使馆参赞、副将加总兵衔等职。在公使馆期间，陈季同勤奋刻苦，除精通法语，还熟练掌握了英语、德语、拉丁语等语言，与法国作家罗曼·罗兰等人成为好友。他以特殊的身份参与了中法战争等重大历史事件，积极向欧洲社会介绍中国文化，并运用法语创作宣传中国文化的长篇小说和戏剧，有力地匡正了西方人对中国社会的偏见。1891 年，陈季同受人罗织罪名被解职回国，他曾游历西南少数民族地区，更深刻地感受到民族民间文化，继而奔走于上海，宣传维新，兴办女学。其不平凡的人生阅历在其文学作品中得到直接表现。

以 1891 年为界，陈季同的文学创作分为前后两个基本阶段。前一个阶段以翻译介绍中国文化为主，后一个阶段则以诗歌创作为主。前一个阶段中，陈季同表现出对民族文化的自豪与热爱，在其字里行间更多地洋溢着从容、得意；后一个阶段，更多的是在抒发对世事的愤懑，对众生的悲悯、敬重等复杂的人生情怀。

光绪元年（1875），陈季同与刘步蟾、林泰曾等人“随同日益格前往游历英吉利、法兰西等处，俟机船铁胁新机采购既便”①，第一次走出国门，两年后与李凤苞、马建忠、严复等人第二次来到法国；自兹，陈季同拜访郭嵩涛，入法国政治学堂读书，同时，任留学肄业局文案、中国驻法使馆翻译，开始其外交生涯。1884 年 4 月，陈季同升任驻法使馆参赞职；法国巴黎 *Revue des deux modes*（《两个世界》）杂志连载其 *La chine et les chinois*（《中国与中国人》），于是他“每天都被邀请，从一个沙龙飞到另一个沙龙”（Foucault de mondion, Quandj'é tais mandarin, Paris: Albert

① 左宗棠等：《船政奏议汇编》卷十二《光绪元年三月十三日沈葆祯等奏》，台湾文海出版社 1986 年版。

Savine, 1980, p. 31)，声誉鹊起，这些文章以 *Les Chinois peints par eux-mêmes*(《中国人的自画像》)为名在法国出版，受到法国社会广泛关注。接着，他出版了 *Les contes Chinois*(《中国故事》)、*Le theatre des Chinois*(《中国戏剧》)、*Les plaisirs en Chine*(《中国娱乐》)、*Les organization social de la Chine*(《中国社会组织》)、*Les insects utiles de la Chine*(《中国益虫》)、*Mon pays*(《我国邦》)、*Les Parisiens peints par un Chinois*(《一个中国人对巴黎的描绘》)等，以及长篇小说 *Le roman de L' homme jaune*(《浪漫传奇》)和剧本 *L' amour hero que*(《英雄爱情》)。这些作品在总体上贯穿着一条文化主线，就是作者对民族文化的厚爱，对民间文化的钟情。

19 世纪晚期的欧洲，欧洲中心主义有着十分强大的势力，诸如卢梭、孟德斯鸠这些 18 世纪的启蒙思想家就曾极力否定中国文明与中国社会，其思想在 19 世纪的殖民主义思潮中愈演愈烈。如陈季同所述，“他们普遍认为中华民族是一个堕落的、不道德的民族”，“认为中国人非常邪恶，残酷，在各方面都很下流”，[①]更不用说一些人类学家十分粗暴地把中国人当做未开化的野蛮民族。事实上，这里包含着西方殖民主义蔑视、敌视，进而丑化中国人，摧毁中国人民族自信心的文化战略设置。陈季同借用娴熟的法语，把自己对祖国的思念在作品中淋漓尽致地描绘成如诗如画的风景。陈季同的童年是十分不幸的，父母双亡，但中国传统文化的哺育、家乡亲友给予的爱成为他永远的财富。如他在《中国故事》的卷首《致绎如弟》所言：“我们童年就

① 黄兴涛译：《中国人的自画像》，贵州人民出版社 1998 年版，第 185 页。

失去了双亲，既没有鹅妈妈给我们讲中国的民间故事，也没有好心的贝洛为我们描绘仙女的国度，这些本会为童年增色。然而，孩子都需要美好的幻想作为补偿，我们得到了聊斋故事。"[①]《聊斋志异》包含了丰富的民间故事，具有浓郁的民间文化气息。陈季同选择了其中的《聂小倩》《婴宁》《阿宝》《香玉》《侠女》等名篇，并分别取名为《神奇的盒子》《巧笑女郎》《鹦鹉》等富有诗意的字眼，与其说是翻译，倒不如说是画龙点睛般的再创作，既保留了原著的神奇幻想，又注意到了西方读者的口味。其中《浪漫传奇》更是如此。这是一篇取材于中国古代小说《霍小玉传》重新创作的长篇小说，也是陈季同唯一的长篇小说，他以黄衫客、李益、霍小玉三人之间的故事为线索，情节跌宕起伏；原著不足五千字，而这里洋洋洒洒数十万言，无论是结构还是人物描写，都是现代意义上的小说，更不用说语言的清新，诸如大量的心理描写，精致的情感表现，都明显表现出对西方艺术的借鉴，在某种意义上可看做中国新文学的先声。在《中国戏剧》和《中国娱乐》中，我们看到的同样是缠绵的情思：戏剧与节日是民间文化的重要内容，陈季同借民间文化之魂在讴歌民族精神，展示东方古国的厚重与豁达、大度，赞颂东方民族的高贵品格与聪明智慧。像"铁拐李"这样家喻户晓的民间传说，春节和端午、中秋这样充满喜庆的传统节日，特别是各种宴席上的温馨场面，都成为作者美化的对象，处处是令人神往的如画仙境。如他在《中国娱乐》中对杭州西湖的赞美，称西湖是"大自然对中国人最大的水上馈赠"，在美妙的图画中"更有艳妆的妇女和快乐的

---

① 李华川译：《中国故事》(*Les contes Chinois*)。

男子点缀其间”,“路边垂柳依依,枝条婀娜浸足湖水”。[①] 他所有的作品都可看做一幅淳美的风俗画。这样看来,似乎是他在掩饰贫穷、黑暗、丑恶,把祖国的一切都描绘得那样完美无缺,其实,这是一种记忆作为特殊的情感的表白,一切都源于热爱,是对西方蔑视、鄙视、敌视中国的强烈反抗。同时,他在事实上也形成了一种比较研究的方法,如他自己在《中国戏剧》中所倡言,是一种“比较风俗研究”,其意在赞扬中国人的热情与互助,鞭挞西方人的冷漠与自私。他通过中国戏剧与法国戏剧“感情的激发”的不同,进而延伸向中国民间传说中的女英雄花木兰与法国圣女贞德,对二人的性格进行比较,他说:“贞德和木兰有许多相似之处,但也有明显的区别。两人都是农村姑娘,生活简朴,承担艰苦的乡村劳动。两人都热爱她们的祖国,并成功地赶走了外国侵略者。人们因此可以说这对姐妹如同一家人般相似,但这仅仅是就一般意义而言。”“实际上,木兰是一个中国农家妇女,没有狂热,没有神秘色彩。”“她的职责显得更为谦逊,更具人性中自然的一面。她甚至并不自以为被召唤来解放祖国。她也从来没有梦想扮演光辉的角色。”他的结论是:“贞德象征着法国中世纪狂热的神秘主义,木兰则体现了中国的家庭观念和家长制的社会结构。”[②]说到底,陈季同笔下的故国是理想的家园,是情思的热土,他用充满深情的笔触尽力呵护,绝不许人去玷污。这也是他后来倡言“天下一家”的文化渊源。亦如罗曼·罗兰在自己的日记中所记述他对陈季同演讲时的感

---

① [法]《中国娱乐》(*Les plaisirs en Chine*), Paris:G. *Charpentier et Cie*, 1890, p. 19,90.

② 李华川译:《我国邦》(*Mon pays*),p. 74,78。

受:“在微笑和客气的外表下,我感到他内心的轻蔑,他自知高我们一等,把法国公众视作小孩……”①

1891年8月,陈季同因为“私债风波”结束了其外交官生涯。这是他命运转折的重要阶段。在他人生的危急关头,李鸿章给予了他帮助,使其化险为夷。但这其中异常复杂的一系列事端,确实让陈季同受到极大伤害。也正如此,陈季同情感上的变化,直接影响到其诗歌创作风格上的改变。

这一时期,陈季同的重要作品主要体现在三个方面,即:一,以《吊台湾》为代表对祖国命运的痛思,对时局的热切关注;二,对人生的思索;三,游历贵州、四川等地,对少数民族文化,特别是民间文化的记述与感怀。

甲午战争的失败,对近代中国社会所有的知识分子都形成惨重的伤害。日本早就图谋对台湾的侵占,甲午战争后《马关条约》割让台湾及澎湖列岛,台湾沦落敌手。此前,陈季同曾经在天津参与捉拿日本间谍石川伍一;当中日战争爆发时,陈季同曾“进高丽地图,请守平壤险要之地”②。台湾沦亡前夕,台湾巡抚唐景崧曾经向张之洞请求调陈季同赴台湾,希望借助他与法国人的旧情保护台湾,而张之洞则斥“陈季同乃大荒谬人”③。稍后,陈季同虽然奔赴台湾,介绍法国水师提督与唐景崧商议保台,终未果。陈季同劝阻李经方赴台与日本人办理所谓“交割”,极力促成台湾民主国的成立以抗拒日本。但这一切都是

① Le cloitre de la Rue d' Ulm, *Journal de Romain Rolland à L' Ecole Normale*, Paris:Albin Michel, 1952, p. 276-277。

② 《福建通志》卷三四,福建通志局1922年版。

③ 《张之洞全集·八》,河北人民出版社1998年,第6120页。

徒劳。大敌临头，台湾民众“誓宁抗旨，死不事仇”[①]；陈季同与台湾官绅议“拟以民政独立，遥奉正朔拒敌人”，同时希望得到法国人的帮助，而他得到的却是唐景崧临阵脱逃，法国人隔岸观火，袖手旁观，他怒发冲冠，挥笔写下《台北待法国兵船不至》：

破碎山河劫后棋，
赤嵌赤子不胜悲。
情殷恋阙阍徒叫，
力莫回天夏变夷。
未必延津能剑合，
孰怜沧海有珠遗。
观音峰上频频望，
何日能来三色旗！

“三色旗”即法国兵船。陈季同他们满腔热血，希望得到法国人的帮助，却是失望。内外交困中，台湾终被割让，引起陈季同的极大悲愤，他写下《吊台湾》四律：[②]

忆从海上访仙踪，
今隔蓬山几万重。
蜃市楼台随水逝，
桃源天地看云封。
怜他鳌戴偏无力，
待到狼吞又取容。
两字亢卑浑不解，

① 《光绪二十一年乙未四月二十九日辰刻陈季同呈李鸿章急电》，《李文忠公全集》，光绪乙巳（1905 年）金陵书局刻印。

② 钱南秀整理：《学贾吟·吊台湾》，上海古籍出版社 2005 年版。

边氛后此正汹汹。

金钱卅兆买辽回，
一岛居然付劫灰。
强谓弹丸等瓯脱，
忍将锁钥委尘埃。
伤心地竟和戎割，
太息门因揖盗开。
似念兵劳许休息，
将台作偃伯灵台。

鲸鲵吞噬到鲲身，
渔父蹒跚许问津。
莫保河山空守旧，
顿忘唇齿藉维新。
蓬蒿满目囚同泣，
桑梓惊心鬼与邻。
寄语赤嵌诸父老，
朝秦暮楚亦前因。

台阳非复旧衣冠，
从此威仪失汉官。
壶峤而今成弱水，
海天何计挽狂澜。
谁云名下无虚士，

不信军中有一韩。
绝好湖山今已矣，
故乡遥望泪阑干。

陈季同是一个才华横溢的外交家，深知如何在外事纷争中去斡旋，要不卑不亢，有理有节。但清廷的投降主义外交政策，外交场合的屈膝求和，令他失望、愤懑到了极点：前两首指斥国家政权的腐败、懦弱，后两首在指斥狼子野心的日本强盗，与台湾父老同哭。他日思夜想，要收复山河；多年后，他在《步镇远府全太守韵青溪饶大令星驭》中吟诵道“大公几辈能无我，中国而今尚有人”，念“面犹未洗泪痕新”，感叹“故借楚才为我用，敢将刀柄受他人”。在这里我们看到的是辛弃疾的遗风，更是丘逢甲的和声；应该说，这是近代文学史上的强音。

世事沧桑，陈季同感受到许多困苦与无奈，但他从未坠青云之志。他感时伤世，时常在诗中激励自我。其中最典型的就是《学贾吟·铁》：

骨格铮铮产自天，
含藏蕴蓄几经年。
屈伸不畏炉锤巨，
磨炼能同金石坚。
披甲勇当千炮雨，
作舟功在一轮烟。
只因欲化逢时器，
费尽经营细烁煎。

陈季同少年时代父母双亡，体弱多病，赖人帮助得进学堂读书，走出国门，在外交上得心应手，未免恃才傲物，遭人算计，后难免酿成“私债风波”那样的苦酒。回国之后，身陷囹圄，痛苦之至，但心念未灰；他投身修建水利，勘察矿产，运筹商务，创办报刊，兴办女学，宣传维新，不辞辛苦。这首《铁》，就是他在青溪矿局考察时所写，是他人生的宣言，也是他人生的写照。同类题材者还有《煤》，讴歌“世界光明凭吐气，心肠铁石亦成灰”的慷慨与坚韧；又如《朱砂矿》中慨叹“乞得神仙治世方”，述“铁鞋已破征衫敝，一片热诚佐自强”。借助寓意喻人是我国古代诗歌创作中常用的技法，陈季同的咏物诗因其特殊的经历而更多了厚重的意蕴。我们读其诗便知其人，在他更多的借景抒情、借物言志、借题发挥的咏物诗、咏怀诗等作品中，更深刻地更全面地体会到他的胸怀与志向。

游历是我国古代诗人的重要文化生活。他们阅历天下山川，尽识花虫鸟兽草木，在风物变化中管窥时代变迁，寄寓人生感怀。光绪二十四年(1898)，陈季同参与创办的《求是报》停刊，翻译小说《卓舒及马格利》连载未完，他积极奔走于京沪之间，与人共同呼号维新变法；其间，应朋友之约，勘察矿产，游历贵州、四川、湖北等地，走进少数民族地区，直接感受到向为中原文化视为蛮夷的少数民族民间文化，那些奇风异俗、神话传说、歌谣，都令人惊诧。当年，在异国他乡时，陈季同非常重视对民俗的描写与思索，曾经倡言“比较风俗研究”，他说：“告诉我你们的消费情况，我就可以断定你们是什么样的人。”[1]法国是人类学的故乡，J. B. 米歇尔他们创立的民俗学与人类学理论深刻影响了社会学在法国的繁荣，出现了韦伯、涂尔干等杰出的社会

---

① *Les plaisirs en Chine*, p.2.

学家,他们对民间文化共同表现出极浓的热情。我们不知道陈季同是否与此有直接关联,但可以断定他受到这种学术氛围的影响。回国后,走进穷乡僻壤,陈季同感受到另一种风俗,他运用诗笔细腻地描绘出这些民俗画面,为近代中国的诗坛留下了簇新的风景。诸如《跳月》《盘瓠》,以及《蜡虫》《雄黄》《黑神庙》《大鬼园》《竹王庙》《七夕》等,从不同角度描绘、记述了民间文化的特殊氛围,我们甚至可以将此看做近代中国一个外交官出身的诗人所写的民俗志。

在《学贾吟·盘瓠》中,陈季同开篇写道:"苗亦祀盘瓠,自谓盘瓠后。木瓜金筑间,庙宇恒精构,一犬俨居中,肸蠁香烟厚。"然后对照着《山海经》中关于黄帝曾孙卞明的神话故事,阐释犬盘瓠配高辛帝女,乃有"男女生六人,山中自配偶",和"数典祖不忘,祭祀供俎豆"的发生意义。与传统的文人对于边地蛮荒世界猎奇性记述不同,陈季同将这一神话传说与伍子胥故事、西门豹故事相对比的同时,又将之置于源于西方的达尔文(诗中作"旦文")进化理论中进行比较;他提出自己的见解,声称"窃意盘古误盘瓠,年月久湮成诬陋",联想到"吾闽亦有苗妇人,竟制犬髻头上覆",慨叹"风化攸关非等闲,他事可苟此难苟"。几十年后,同样有西方文化背景的闻一多、吴泽霖、楚图南、马长寿、陈国钧、岑家梧、芮逸夫他们来到大西南,又一次走进少数民族地区,对盘瓠神话进行更深的探讨,[①]而陈季同则应

① 闻一多:《伏羲考》,上海开明书店 1948 年版;陈国钧:《生苗的人祖神话》,《社会研究》1941 年第 20 期;马长寿:《苗族之起源神话》,《民族学研究集刊》1940 年第 2 期;楚图南:《中国西南民族神话的研究》,《西南边疆》1938 年 1—2 期;吴泽霖:《苗族中祖先来历的传说》,《革命日报》1938 年 5 月 19 日等。

是他们的先驱。亦应古语,礼失求诸野。

《学贾吟·跳月》同样是记述少数民族地区民俗生活的诗篇。他开篇写道:

正月元宵夜三五,
苗蛮(娈)群作跳月舞。
男吹芦笙女振铃,
引凤求凰如法古。
预遴平壤作月场,
男皆软服女饰妆。
回翔婉转舞终夕,
调笑谑浪双轻狂。
并肩角逐直到晓,
村鸡既鸣犹携手。
归家野合旋分飞,
生子方能击萝茑。
聘资盈索视媸妍,
宰牛醵酿拜皇天。
掘地为炉冬代被,
爨炊牲畜同房眠。

跳月是苗族的重要祭祀活动,也是其重要的娱乐活动。这里,陈季同记述了苗族跳月舞蹈、野合、祭祀、居住等生活内容;既而,他更细致地记述了"褶裙廿幅长围腰""私奔不禁嫁乃绝""龙家之苗名狗耳,妇髻如螺圆上指""妆饰虽殊跳月同,芦笙十二竹雌雄"等"桑间濮上古遗风"。最后,他将这些内容与西方人的舞蹈相联系,述"畴昔余乘海上槎"所见"洋女妖娆多有致,露胸袒臂裙拖地”,感叹“中西相距三万里,言语不通服饰异;独于男女之大伦,跳舞合欢能一理”。

以此对比陈季同当年的“比较风俗研究”,我们可以看到两种意义上的风俗画。一种是他身在异乡,思念故国,把家乡的风俗用浓郁的情感滤化为美丽的想象;他赞美“我们美丽的中国”解决争端时用“燃放大量鞭炮”“请吃饭”“邀人在附近的庙里看戏”等方式所形成的“前嫌尽释”,[①]颇为骄傲地说:“欧洲人民无权把我们看做是野蛮人,他们经常这样做。而我们恰恰是以风俗的淳美和我们的道德闻名于世的,这才是真正人道的。”[②]他赞美祖国家乡风俗淳美,曾述及“不仅富人援助不幸的朋友,连穷人们也会来帮助比他们更穷的朋友”,“这在同一个阶层中已经成了一种习惯,而且大家还会凑份子来促成一个朋友的婚事,以及帮助朋友的遗孀,抚养他的遗孤”,将之总结为“人类不是孤立的”;然而,在西方就不同了,他说,“在西方世界的风俗中有一点让我感到惊讶,这就是人心的冷漠”,“不幸者不会得到别人的任何同情;相反,人们看到不幸时甚至会幸灾乐祸”,归结为“这类事不值得赞赏”。风俗,是一种立场,我国传统文化所宣扬的“善”,即仁义道德。这是中国文化的立场。总结其原因时,他说,“惟一的原因就是大家太务实了”[③]。《跳月》这些描绘少数民族风俗的诗篇是又一种风俗画,应该说,这同样是一种想象,是与都市、官场、市井中的尔虞我诈,那种近乎尖刻的令人憎恶的生活氛围的对比,是他自我慰藉,安顿自己极其疲惫

① 李华川译:*Les Parisiens peints par un Chinois*, p.99-100。

② 李华川译:*Les Parisiens peints par un Chinois*, p.101。

③ 李华川译:《中国人自画像》(*Les Chinois peints par eux-mêmes*), p.14-15。

的心灵的图画,是包含着对现实批判的诗篇。他的许多诗篇收进的诗集自署为“学贾吟”,即自比于当年才高八斗、一腔壮志,却怀才不遇的汉长沙王傅——贾谊;在其《袁翔甫大令以诗稿见赠率成一律以谢之》中,他还高歌“贾生不作长沙哭,镇日行吟手一篇”。当然,一切都是时代使然,陈季同的命运与黄遵宪他们一样,与梁启超、鲁迅他们也是一样,都是“寄意寒星荃不察”,只能以诗言志,以赤子之情述说“我以我血荐轩辕”。陈季同启发我们更深刻地思索中国文化的前途与任务。

22

民间文学学科历史的甄别与梳理

——刘锡诚《20世纪中国民间文学学术史》的学术意义

学术史的写作是学科发展的重要保障,其中的甄别与梳理,既显示了作者的学识与功力,更鲜明地体现出一代学人的境界与追求。对于中国民间文学学科发展而言,刘锡诚《20世纪中国民间文学学术史》有着非同寻常的价值与意义。特别是他对不同历史阶段的学术格局的理解,显示出其慧眼与卓识。

民间文学学术史的研究对于这个学科的发展有着相当不同寻常的意义。因为任何一个学科的发展都需要正本清源的基础工作;不同时代的学术发展更是有着自身的种种条件与原因,那么,对学术发展历史的甄别与梳理也就异常便利或更加直接地告诉后人——这个学科的使命、责任、目的,包括这个学科的传统,及其教训、失误。中国民间文艺学尤其是这样。在当前的学科分布中,我们确实不满意它成为民俗学的一部分而列入社会学类别,这几乎完全消解了它作为文学的独立性位置。当然,我们一味地埋怨这种处境并不能有效地改变现实,而真正冷静、理性地总结个中原因,一个最基本的工作就是梳理、勾勒出这个学科的历史，通过历史发展的事实的甄别、阐释，可能会更全面更准确地把握这个学科自身所存在的症结，即问题所在，益于后人在学科建设与发展中不断调整思路。也就是认真地从自身的清理做起。

刘锡诚的《20 世纪中国民间文学学术史》（河南大学出版社 2006 年 12 月版）全面勾勒了这个学科的发展脉络，为我们提供了一个必要的坐标，应该说这部著作是这个学科发展的重要标志性成果。

学科的历史如何总结，既需要树立正直的态度，更需要踏实而严谨的作风，特别是我们长期强调的重视史识。刘锡诚自 20 世纪 50 年代即投身于这项事业，曾翻译出版过《苏联民间文学四十年》《高尔基论民间文学》等著述，在历史的新时期，又亲身参与了这个学科的重建与组织、领导工作，尤其是其创办《民间文学论坛》的一个时期，被国内外学者公认为是中国民间文学理论发展的重要阶段。作者不仅是一个卓有建树的民间文学理论家，而且是独具慧眼的评论家，两重身份都有利于总结这个学科的历史：理论家的身份使得这部著作显现出扎实与厚重，评论家的身份则使这部著作显示出难得的敏锐与深邃，尤其是作者敢于不为贤者讳，倡言与力行追求历史的真实，表现出理性的思索和真诚的批判精神，包括其中的超脱。这就有效避免了许多学者固守同门、同乡和友情等情感因素所形成的对历史真相有意或无意的遮掩。

首先是作者用较长的篇幅在开篇对“民间文艺学”作为一个概念所做的阐释。他将目光投向 1919 年五四运动（包括其时的五四歌谣学运动）之前，把晚清时期周作人为《红星佚史》所写的序言，认定为“中国最早出现的民间文学理论文章”，[1]既而又修改，作蒋观云的《神话·历史养成之人物》为“中国现代民间文艺学最早的论文”。[2] 这与钟敬文所提“中国的科学的民俗学应该从晚清算起”[3]，在时段上是一致的。这样界定时限并不重要，重要的是作者将中国现代民间文学置于晚清启蒙思潮之中，并通过对近代神话学的发展过程的考察，通过对梁启超、蒋观云、夏曾佑和鲁迅、周作人、梅光迪等近代思想家著述的解析，以及俄罗斯汉学家格奥尔吉耶夫斯基，日本学者白河次郎、高山林次郎等人对中国神话的解析，明确揭示出中国现代民间文学理论秉承民主与科学旗帜所具有的意义。事实上，这是中国现代民间文学理论尤为重要的学术传统，我们从后来者如凌纯声、芮逸夫、闻一多等学者深入少数民族地区考察的态度，便可见一端倪。在某种意义上讲，这也正是中国现代民间文学理论取得重要成就所秉承的科学方法。那么，从启蒙思潮看民间文学与知识分子阵营的有机联系，一直梳理到今天如火如荼的口头与非物质遗产的抢救与保护，便不仅仅是在总结民间文艺学理论发展的轨迹，而是在从一个簇新的角度来重新认识这漫长的百年长河中民众思想的变化，包括知识分子与民间文学（民间文化）的复杂联系。这就与一般的学术史有了极大不同。

学科的发展，无疑是多少代学人共同的奋斗与努力的结果。而其中的脉络如何把握，对一些重大理论问题如何甄别，这在事

---

① 刘锡诚：《中国民俗学的滥觞与外来文学的影响》，吴同瑞等编：《中国俗文学七十年》，北京大学出版社 1994 年版，第 13 页。

② 刘锡诚：《世纪回顾：中国民俗学面临的选择》，《民俗研究》1995 年第 3 期。

③ 钟敬文：《建立中国民俗学学派》，黑龙江教育出版社 1999 年版，第 6 页。

实上决定了这部学术史的科学性程度。犹如我们熟知的傅斯年倡言“历史学就是史科学”,即以史科为中学,刘锡诚重点揭示神话学、歌谣学这两大突出内容在整个民间文学学科历史发展中的建设状况,给我们以清晰明朗的巨幅画卷。

刘锡诚把整个20世纪的中国民间文艺学分为滥觞期、奠基期、转型期、发展期与群团时代等几个重大阶段。在不同的阶段中,神话学与歌谣学都起到了非同寻常的作用。同时,围绕着神话、歌谣的理论研究,不同时期不同背景下的学者们所表现出的见解便有了不同的意义。刘锡诚不是简单地勾勒学者们在不同阶段的探索,或一般性地罗列其理论成果,而是对不同现象置之于当世的学术背景条件下逐步解析其形成、发展、变化的原因,特别是其理论形成的实质性内容与个性,昭示出不同学者的追求。而尤其可贵的是,作为宏大叙事背景下的这种学术史写作,作者秉董狐之风,不为尊者、贤者讳,同时,对于一些有重要理论建树却默默无闻于世的学者,则积极发掘其学术价值,给世人一个完整的交代。

20世纪是一个相当不平凡的时间段。从晚清中国社会所蒙受西方列强的欺凌,到五四新文化运动张扬科学和民主的旗帜,乃至抗日战争之后中华民族终于实现民族独立和解放的伟大梦想,这是中国几千年历史阶段中尤为值得人刻骨铭心所记取的特殊的精神历程。刘锡诚曾经主编过《中国新文学大系》中20世纪三四十年代的民间文艺卷,对这一段历史自然有着更为独特的感受。他从概念解析、甄别历史真相入手,分别着重论述了“鲁迅的神话学观”“周作人早期民间文学研究”“北大歌谣研究会与启蒙运动”“顾颉刚的吴歌研究”“胡适的民间文学理论与实践”，以及茅盾、《古史辨》学派等命题，无疑这是中国民间文艺学形成至关重要的一个时期：弄清了这一段历史，也就基本弄清了中国现代民间文学的学术背景与学术传统——刘锡诚运了浓重的笔墨第一次全面清理、勾勒了这一历史发展阶段的核心内容。既而，他以此论述文学人类学影响中国民间文艺学理论框架及方法与目的的“学术转型期”（1927—1937），强调“转型”即超越以往感受，超越经验型研究方式的意义；进而对抗日战争这一特殊阶段内中国民间文艺学成熟发展的辉煌历程，做了更细致更深刻的描述与论述。

在世界各民族的独立与解放事业发展中，几乎都无一例外地要面对民族传统这一内容，即今天我们所强调的社会文化认同的基础。如芬兰民族的史诗《卡列瓦拉》的整理与出版，“鲁诺”的复活使他们认识到“语言是民族的基础，没有民族语言，就不可能有民族文学”，“语言的力量胜过武器的力量，用剑的英雄成了用力的英雄”；更重要的是，这样的史诗“不但在一百多年前唤醒了芬兰人民的精神力量，而且还成了一百多年来芬兰文学和艺术的源泉”。[①] 中国文学也是同样，我们在《黄河大合唱》等壮丽诗篇中可以深深感受到民间歌曲的力量。刘锡诚高度赞扬了抗战时期民间文学在不同地区不同学者群体中的民间文学搜集整理与理论探索，对“解放区的民间文学搜集研究”与“何其芳的民间文学理论与实践”给予了更高的礼遇；同时，他也更客观更公正地论述了“沦陷后北平的民间文学研究”，“上海、香港、北平：俗文学派的崛起”，尤其是西南地区

① 孙用译：《卡勒瓦拉·上》，人民文学出版社 1985 年版，第 9 页。

一大批学者如闻一多、朱自清、陈国钧、光未然、常任侠、薛汕等人的研究。他不无感慨地把这一阶段归纳为“民族精神的体现”,“有组织的科学调查”,“多学科多学派多角度研究”,和“民间文学的社会功能被空前强调”。① 应该说,这是符合历史真实的,这也正是这一阶段中国民间文学理论的显著特点。是时势造就了这样一个特殊的阶段;然而,又由于多种因素,这种良好的态势作为学术传统与作风没有被很好地在后来发扬光大。

评价当代史是异常困难的。刘锡诚把建国后的中国民间文学理论分为两个基本阶段,即“共和国十七年民间文学理论建设”,和“新时期的民间文学理论建设”,把下限放在1999年这样一个大时段。他着重强调了民间文学,特别是少数民族地区民间文学搜集整理的空前的成就与意义,而把“十七年”阶段概括为“群团时代”。这其实就是对个性的呼吁。在相当长的一个时期,我们过于强调集体合作对于学科发展所具有的重要意义,但我们常常忽略在独立思索和创新中所显示的更重要的价值。我以为,新中国成立后的民间文学理论是四方格局,即:搜集整理(调查采录)、典籍钩沉、理论研究和翻译介绍。但是,我们更看重了大规模的搜集整理作为田野作业获取新资料的一面,而相对忽视了其他三个方面;即使是有一些理论研究,也更多的是在运动政治话语中强调“人民只有人民才是创造历史的动力”这一话题,而较少更深层次的探索。在历史的新时期,局

① 刘锡诚:《20世纪中国民间文学学术史》,河南大学出版社2006年版,第578—585页。

面逐渐打破，学术争鸣以“改旧编新”和“广义神话论”两大话题为标志，尤其是与世界对话的姿态越来越明显，渐渐形成了一个繁荣的局面。包括是否有一个钟敬文时代，许多问题都被重新审视。但是，我们又不能不看到，强调了民俗与民间文学的密切联系，在学科设置方面人为地出现了对民间文艺学的文学属性的消解，这就严重影响了这个学科的迅速发展。所以，刘锡诚大声疾呼回归文学，表示自己对于民间文学事业“存在着令人焦灼的隐忧”，对研究队伍的结构不合理、学科调整的不合理、相关部门的“不务正业”，提出了批评。诚如其言：“搜集、研究、继承、发扬民间文学及其传统，建设和完善民间文学学科，仍然任重道远。”①那么，在这种意义上，科学地总结这一学科的历史，也就有了更为特殊的意味了。

面对这样一个艰难的学术命题，要全面而清晰地把握历史发展脉络，不仅仅需要功夫，更需要勇气。尤其是如何评价新时期以来的民间文学学科发展，这确实存在着相当多棘手的方面。刘锡诚对不同领域内学者们所做的探索进行了冷静的概述，特别提到一批青年学者的可喜贡献，更是包含着对后来者的期盼。当然，他并非一味宠爱着他们，如其所述，“西方文化人类学的种种理念和方法的蜂拥进入及多学科的参与，打破了以往中国神话学研究中考据训诂和历史研究的大一统局面，推进了神话研究的进步，但同时也出现了另一方面的隐忧，如对新理念新方法的生吞活剥、生搬硬套，热衷于理论构架而轻视调查和对本土

---

① 刘锡诚：《为民间文学的生存——向国家学位委员会进一言》，《文艺报》2001年12月8日。

神话资料的深入分析等”①。事实上,这种现象并不仅仅存在于神话研究,而是相当普遍的现象。多少年来,我们强调了对理论创新的追求,却自觉或不自觉地忽视了对基础理论的研究。尤其是越来越多的青年学者甚至拒绝中国民间文学的典籍,或者严重匮乏对古代文献的使用能力,更多的是在拥抱西方人文理论,这就成为学科发展的重要瓶颈。当我们不满于传统学术方式中的考据、训诂时,其实更需要的正是这种基础能力,如果以此突破,有更扎实的理论支持,有充满生机的方法多方支撑,可以想见,一个更令人鼓舞的民间文学学科前景将很快就会来到。

读史可以鉴往而知今,更可以知明天。也就是说,清楚了历史,就会更加明白现实,就会少走弯路。对于20世纪的学术历史的总结,民间文学与其他文学部类相比,有着更为独特的更为复杂的属性。尤其是其鲜活的生命肌体,永远处在变化中,这就给了我们更广阔的认知空间。如何拓展学术领域,回顾历史,观望他人,可能会给我们带来更多的便利。读了刘锡诚的《20世纪中国民间文学学术史》,同样感到在许多地方言犹未尽的内容。诸如日本、美国、英国、法国等不同的国家在文化交往中对中国学者的影响,如何更充分地展开将会更有益于我们把握当前日益加剧的,全球化背景下中国民间文学学科发展的态势。其次是如何对待其他学科,尤其是民俗学、比较文学、语言学、文学理论、艺术学、宗教学、历史学、民族学、社会学,特别是古典文学对民间文学的研究,这将更明显地增强这一学科的厚重。再

① 刘锡诚:《20世纪中国民间文学学术史》,河南大学出版社2006年版,第790—791页。

者是关于民间戏曲的研究,从王国维到卢骥野、任半塘、王季思等学者,都有不同程度的参与;我们在相当长的时期是不够重视民间戏曲的研究的。其实,民间戏曲在整个民间文学的发展,特别在影响传播方式等内容上,它的作用更深切。我们不得不承认,在大力进行民间文学三大集成的工作时,没有及时纳入对民间戏曲的搜集整理,从而使这一口耳相传更明显的民间文学特征的文学形式,遭受了过多的流失。民间戏曲的综合性特征赋予了这一研究领域更珍贵的意义。诚然,任何一位学者都难以尽善尽美地将这样漫长的历史阶段进行全面把握。几代人的不懈努力,作为历史的光辉,将会更明亮地在我们眼前指示新的路程;包括刘锡诚在内的几代学人勇敢、勤奋探索的学术品格,更是值得我们百倍珍视的精神财富。同时,我期盼着会有更多的关于20世纪中国民间文学的学术史巨著出现。